Gerhard Kurz

Macharten

Über Rhythmus, Reim, Stil
und Vieldeutigkeit

D1669032

V&R

VANDENHOECK & RUPRECHT

Gerhard Kurz

Geboren 1943, von 1980 bis 1984 o. Professor für Neuere Deutsche Literatur- und Sprachwissenschaft an der Universität Amsterdam, seit 1984 Professor für Neuere deutsche Literaturgeschichte und Allgemeine Literaturwissenschaft an der Universität Gießen.

Die Deutsche Bibliothek – CIP-Einheitsaufnahme

Kurz, Gerhard:
Macharten : Über Rhythmus, Reim, Stil
und Vieldeutigkeit / Gerhard Kurz. –
Göttingen: Vandenhoeck und Ruprecht, 1999
ISBN 3-525-34013-3

KLEINE REIHE V&R 4013

Umschlag: Jürgen Kochinke, Holle
Schrift: Concorde regular
Gesamtherstellung: Hubert & Co., Göttingen

Inhalt

Für Ada Brodsky und Ilana Shmueli

Martin Opitz, geboren 1597 in Bunzlau, an der Pest gestorben 1639 in Danzig; Abbildung nach einem Kupferstich, den Jacob von der Heyde 1630 in Straßburg anfertigte.

Einleitung

Die einzelnen Kapitel dieses Buches gehen auf Aufsätze und Vorträge zurück. Sie sind Versuche, wesentliche Formelemente von Literatur und ihre Funktionen zu analysieren und die Verwendung ihrer Begriffe zu klären. Die Analysen gehen freilich über die Literatur hinaus, da Rhythmus, Stil und Vieldeutigkeit allgemeine Formelemente menschlichen Verhaltens sind. Auch Klischees gibt es nicht nur in der Literatur. Der Reim schließlich hat seine Voraussetzungen in allgemeinen Strukturen und Funktionen der Sprache und ist ebenfalls nicht auf die Literatur beschränkt. Das Kapitel zum Enjambement diskutiert eine besondere rhythmische Gestalt.

Bei der Überarbeitung habe ich mich um eine einführende Darstellung bemüht. Für kritische Anmerkungen, Hinweise und Hilfe danke ich Cornelia Bartels, Manfred Koch, Miriam Koch, Stefanie Koning, Albert Spitznagel, Stephanie Wodianka und Anna-Charlotte Zitzlaff. Dem Verlag danke ich für die kompetente Betreuung.

Gießen, im Januar 1999   Gerhard Kurz

Akzente, Pausen: Rhythmus

Hat man den Rhythmus der Welt weg –
So hat man auch die Welt weg. Jeder
Mensch hat seinen individuellen Rhyth-
mus.

Novalis

Man kann nicht gerade behaupten, daß Analysen rhythmischer Strukturen und Effekte in der Interpretation von Gedichten üblich sind.[1] Dies hat Gründe. Die Analyse rhythmischer Strukturen ist nicht einfach. Über die Feststellung eines regelmäßigen oder unregelmäßigen Rhythmus kann man sich unschwer verständigen, über Differenzierungen wie z.B. strömender, fließender, stockender, gestauter oder hämmernder Rhythmus fällt eine Verständigung schon schwerer. Rhythmische Strukturen sind nicht einfach ›da‹. Sie sind ein Resultat des subjektiven Vollzugs im Reden und Lesen. Dennoch sind solche Annäherungsbeschreibungen unumgänglich. Über sie können wir uns streiten, also auch verständigen. Das die gegenwärtige Praxis der Gedichtinterpretation leitende Paradigma der *Vieldeutigkeit* lenkt das Erkenntnisinteresse mehr auf semantische, weniger auf euphonische und rhythmische Strukturen. Auch scheint das Lesen von Gedichten, zumal die seit 1800 vorherrschende Praxis des stummen Lesens, die Erfahrung des Rhythmus, die Erfahrung eines sinnlichen, ja körperlichen Mitvollzugs des Gedichts zurückzudrängen. Das Gedicht, das gelesen wird, wird anders auf- und wahrgenommen als das Gedicht, das gehört wird. Doch teilt sich die rhythmische Struktur des Gedichts als elementare lyrische Struktur auch dem stummen Leser mit. Der russische Literaturtheoretiker Tynjanov hat daher schon 1924 gefordert, die Textphilologie durch eine »Ohrenphilologie« zu ergänzen.[2]

Bis ins 18. Jahrhundert wurde vor allem vom Rhythmus, weniger vom Reim her, Lyrik als *oratio ligata*, als gebundene Rede, verstanden. Rhythmus ist nicht minder konstitutiv für die moderne Lyrik in freien Rhythmen. Noch die freie, unregelmäßige Rhythmik basiert auf rhythmischen Grundstrukturen oder bewegt sich in der Nähe rhythmischer Grundstrukturen oder gewinnt gerade durch die wahrgenommene Abwesenheit solcher Strukturen ein rhythmisches Profil – gerade auch durch die Nichterfüllung von Rhythmuserwartungen.

Zum prototypischen Verständnis von Lyrik gehört, wie jede Umfrage belegt, die Erwartung eines Reims und einer rhythmisch organisierten Sprache.

Paul Valéry hat in seinem Essay *Au sujet du cimetière marin* (1933) die »leere oder von eitlen Silben ausgefüllte rhythmische Form« als die Grundlage des Gedichts bezeichnet.[3] In seinem Essay *Über reimlose Lyrik mit unregelmäßigen Rhythmen* von 1939 rechtfertigt Brecht die Bezeichnung »lyrisch« für seine »Arbeiten«, die weder Reim noch Rhythmus zeigen, mit dem Hinweis: »weil sie zwar keinen regelmäßigen, aber doch einen (wechselnden, synkopierten, gestischen) Rhythmus haben.«[4]

Enigma
Für Hans Werner Henze aus der Zeit der Ariosi

Nichts mehr wird kommen.

Frühling wird nicht mehr werden.
Tausendjährige Kalender sagen es jedem voraus.

Aber auch Sommer und weiterhin, was so gute Namen
wie »sommerlich« hat –
es wird nichts mehr kommen.

Du sollst ja nicht weinen,
sagt eine Musik.

Sonst
sagt
niemand
etwas.

In Ingeborg Bachmanns Gedicht *Enigma* ist in der unregelmäßigen Rhythmik doch eine rhythmische Grundgestalt zu erkennen: x́xxx́x: *Nichts mehr wird kommen.* (x: unbetonte Silbe, x́: betonte Silbe, x̀: schwächer betonte Silbe.) Freie, unregelmäßige Rhythmik ist keine Arhythmik, sondern bildet eine *Polyrhythmik.* Eine rhythmische Gestalt bilden auch die vier Schlußzeilen *sonst / sagt / niemand / etwas:* x̀ x́ x́x x́x:

Hölderlins späte Gedichte sind reimlose Gedichte mit unregelmäßigem Rhythmus. Auch sie haben eine rhythmische Grundgestalt, die man mit Brecht als synkopierten Rhythmus bezeichnen könnte. Auf eine längere rhythmische Einheit folgt eine kurze, oder eine längere folgt auf eine kurze Einheit. Hölderlins Begriff für diese rhythmische Gestalt ist »gegenrhythmische Unterbrechung«.[5] Eine rhythmische Einheit wird durch eine andere rhythmische Einheit ›unterbrochen‹:

> *Johannes. Christus. Diesen möcht'*
> *Ich singen, gleich dem Herkules, oder*
> *Der Insel, welche festgehalten und gerettet, erfrischend*
> *Die benachbarte mit kühlen Meereswassern aus der Wüste*
> *Der Flut, der weiten, Peleus. Das geht aber*
> *Nicht. Anders ists ein Schicksal. Wundervoller.*
>
> Patmos

Funktionen des Rhythmus

Struktur und Funktion von rhythmischen Verläufen ist ein intensiv diskutiertes Thema auch in der Musikwissenschaft, der Psychologie, der Anthropologie, der Ethnologie, der Biologie, vor allem in der Chronobiologie. Danach ist Rhythmus eine dem Organismus innewohnende Aktivitätsform. Sie zeigt sich z. B. im Wach-Schlaf-Rhythmus, im Rhythmus der Körpertemperatur, im Rhythmus des Atmens, im Rhythmus mentaler Aufmerksamkeit. Es ist strittig, ob man solche Verläufe Rhythmen oder Perioden nennen soll. Versteht man unter Rhythmus nur *intendierten* Rhythmus,[6] dann würde man hier besser von Perioden oder Zyklen reden. Jedoch wäre zu fragen, ob in solchen Fällen nicht auch willentliche Steuerungen, wie unbewußt auch immer, eine Rolle spielen (können). Der Körper hat offenbar auch die Fähigkeit, seine verschiedenen Rhythmen zu einem einheitlichen Rhythmus zu synchronisieren.

Wie sehr wir unser Verhalten rhythmisch organisieren, zeigen Untersuchungen zu rhythmischen Formen von Arbeit (die Rhythmisierung von bäuerlicher und handwerklicher Arbeit durch Lieder z. B.), Spiel (das frühkindliche Spielen mit Zeigen und Verschwindenlassen von Objekten z. B.) und von Sexualität.[7] Der Anthropologe Leroi-Gourhan[8] hat auf die Bedeutung des Rhythmus für die frühesten Entwicklungsstadien der Menschheit hingewiesen, auf den Rhythmus des Ganges, der Raum und Zeit eröffnet, auf den Rhythmus des Arms oder der Hand bei der Fertigung von Formen. Leroi-Gourhan unterscheidet dabei technische Rhythmen, z. B. die rhythmische Bearbeitung eines Objekts mit einem Hammer, und figurative Rhythmen, z. B. Tanz, Musik und Theater.

Bekannt war schon immer, daß Rhythmisierung dem Gedächtnis aufhilft. Die Rhythmisierung von Informationsketten (z. B. bei Telefonnummern, beim Alphabet) erleichtert das Behalten.[9] Man hat festgestellt, daß Versuchspersonen gleichwertige Töne in Zweier- und Vierer-, seltener in Dreiergruppen rhythmisieren. Eine Rhythmisierung verstärkt die Verarbeitungstiefe von Informationen. Es ist bezeichnend, daß wir oft die rhythmische Form fehlender Wörter memorieren, wenn uns diese selbst nicht einfallen wollen. Bacon schreibt in *Of the Proficience and advancement of learning* (Über die Würde und den Fortgang der Wissenschaften, 1605, V, 5): »Gleichfalls werden Verse leichter auswendig gelernt als Prosa, denn wenn man bei einem Wort steckenbleibt, so ist das Vorwissen vorhanden, daß es ein Wort sein müsse, das mit dem Vers übereinstimmt.« Der spätantike Rhetoriklehrer Quintilian hatte schon festgehalten, daß sich Verse leichter auswendig lernen lassen als Prosa und rhythmische Prosa leichter als unrhythmische (*Institutio Oratoria*, Ausbildung des Redners, XI, II, 39 ff.) Unbewußt rhythmisieren wir auch im alltäglichen Reden, z. B. durch regelmäßiges Alternieren von Reden und Schweigen, durch die rhythmische Gruppierung von Redeteilen.[10] Orale Literatur ist *regelmäßig rhythmisierte* Literatur. Die memorative Funktion von Reim und Rhythmus hat jüngst Horst Wenzel nachdrücklich wieder betont.[11] Es ist bekannt, daß diese memorative Funktion des Rhythmus neben der Verwendung syntak-

tischer und narrativer Muster, sogenannter *Formeln*, epischen Sän-
gern ermöglichte, Tausende von Versen zu behalten.[12] Ein anderes
Beispiel ist die Praxis des jüdischen Thora-Studiums. Die Thora (die
5 Bücher Moses) wird mit leiser Stimme rhythmisch gelesen, begleitet von rhythmischen Bewegungen des Körpers.

Die Funktion des Sprechrhythmus demonstriert eindringlich
seine Störung: Beim Stottern liegt eine massive Störung des rhythmischen Sprechverlaufs vor. Stottern ist keine Störung der Sprache,
sondern des Sprechrhythmus. Sie kann durch eine Divergenz von
Sprachausdruck und Affektausdruck entstehen.[13] An der Situation,
in die man gerät, wenn man einem stotternd Sprechenden zuhört,
zeigt sich, welche vitale Bedeutung die Funktion des Rhythmus hat.
Gelingender Rhythmus symbolisiert Lebendigkeit. Die Störung
rhythmischen Sprechens beim Stottern wird als ein Zwang erfahren.
(Das Stottern ist nicht arhythmisch, es ist zwanghaft rhythmisch.
Genauer formuliert wäre dann das Stottern nicht eine Störung *des*
Sprechrhythmus, sondern *im* Sprechrhythmus.) Stottern kann
leicht ein krampfhaftes Lachen als Reaktion provozieren. Wir ertra-
gen schwer die Störung des Rhythmus – und seine Erstarrung in
Monotonie –, weil sie etwas Unlebendiges, Mechanisches, eben ›Erstarrtes‹ symbolisiert. Monotone Abläufe wie z. B. das gleichmäßige
Fallen eines Wassertropfens versuchen wir unwillkürlich zu rhythmisieren. Das regelmäßige Schlagen der Uhr hören wir nicht als
ticktick, sondern als *ticktack*, als eine Einheit von Hebung und Senkung, Spannung und Lösung, Wiederholung und Variation: x́x.[14]

Zu solchen Beobachtungen will die Etymologie von Rhythmus
(gr.: *rhythmos*) gut passen: Rhythmus ist, was einer Bewegung, einem Fließenden Halt gibt. Die ursprüngliche Bedeutung verbindet
also Bewegung und Form. Ein Fragment des Archilochos (7. Jahrhundert v. Chr.) (67a) lautet: »Erkenne, welcher Rhythmus den
Menschen hält.«[15]

In Platons *Gesetze* (664e) erscheint der Sinn für Rhythmus als
ein Sinn für Ordnung und als ein spezifisch menschlicher Sinn. In
der antiken Rhetorik- und Kunstlehre wurde der Rhythmus ausführ-
lich behandelt.

In einer anonymen (früher Longinus zugeschriebenen) Schrift
Vom Erhabenen (1. Jahrhundert v. Chr.) wird über den Rhythmus gesagt, daß sein Gang den Hörer nötige, in seinem Takt zu schreiten,

daß er nicht nur in die Ohren, sondern in die Seele dringe und so zum Miterleben zwinge. Die »harmonische Wortfügung« des Rhythmus mache den Gedanken nicht weniger »klangvoll« als der Inhalt (39–41). Der Rhythmus der Prosa war genauso wichtig wie der Rhythmus der Lyrik. Cicero geht z. B. in seiner Abhandlung *Orator* (Der Redner, 46 v. Chr.) davon aus, »daß auch die ungebundene Rede Rhythmen hat und daß die Rhythmen der Prosa dieselben sind, welche sich in der Poesie finden« (190).

In der klassischen und romantischen Literaturtheorie finden sich nicht nur subtile Überlegungen zum Rhythmus, z. B. in A. W. Schlegels *Briefe über Poesie, Silbenmaß und Sprache* (1795), sondern auch zum lyrischen, epischen und dramatischen Rhythmus.

In A. W. Schlegels *Charakterisierung* von Goethes Epos *Hermann und Dorothea* von 1798 heißt es:

> *Die Lehre vom epischen Rhythmus verdient eine genauere Auseinandersetzung. Sie ist auch deswegen wichtig, weil sie Anwendung auf den Roman leidet. Ein Rhythmus der Erzählung, der sich zum epischen ungefähr so verhielte wie der oratorische Numerus [d. h. Rhythmus] zum Silbenmaße, wäre vielleicht das einzige Mittel, einen Roman nicht bloß nach der allgemeinen Anlage, sondern nach der Ausführung im einzelnen durchhin poetisch zu machen, obgleich die Schreibart rein prosaisch bleiben muß; und im Wilhelm Meister scheint dies wirklich ausgeführt zu sein.*[16]

In einem Brief an A. W. Schlegel vom 12.11.1798 hat Novalis diese Formel vom »Rhythmus der Erzählung« eine »höchst fruchtbare Äußerung« genannt. Er nimmt sie zum Anlaß, eine Theorie der »Prosa« und der »Poesie«, d. h. der Lyrik, vom Rhythmus her zu entwickeln: Je prosaischer, d. h. »lockrer«, »nachlässiger« der textuelle und rhythmische Zusammenhang bei Wahrung des »Ganzen«, desto »höher«, desto romantischer die Poesie. Novalis erwägt auch, ob sich ein epistolarischer und dialogischer Rhythmus denken lasse, der »in dem Verhältnis zu dem lyrischen und dramatischen, wie der romantische Rhythmus [d. h. Rhythmus des Romans] zu dem epischen« stehe.

Hölderlin beschreibt in den *Anmerkungen* zu seinen Übersetzungen des *Ödipus* und der *Antigone* (1804) die Struktur dieser Dramen als einen »Rhythmus von Vorstellungen«. Eine »Zäsur« (ein

Begriff der Metrik!) teile diesen Rhythmus in zwei Hälften: in die Sukzession des Anfangsrhythmus und in die »gegenrhythmische Unterbrechung«.[17] Von Hölderlins Freund Sinclair überliefert und in Bettine von Arnims *Die Günderode* (1840) zitiert werden Sätze Hölderlins: »das sei Poesie: daß eben der Geist nur sich rhythmisch ausdrücken könne, daß nur im Rhythmus seine Sprache liege«, und: »Alles sei Rhythmus, das ganze Schicksal der Menschen sei Ein himmlischer Rhythmus, wie auch jedem Kunstwerk ein einziger Rhythmus sei«.[18]

Rhythmische Gestalt

Was macht nun den Rhythmus zum Rhythmus, was muß gegeben sein, um eine sprachliche Sequenz als eine rhythmische Einheit zu erfahren? Diese Formulierung muß sogleich korrigiert werden, denn sie tut so, als sei Rhythmus eine Hinzufügung zur sprachlichen Artikulation. Wir reden jedoch immer, wenn wir reden, rhythmisch. Wir reden in unregelmäßigen Rhythmen. Einen völlig arhythmischen Satz zu artikulieren, ist nicht möglich. Auch die Redewechsel (*turn-takings*) von Dialogen oder Konversationen, Interaktionen allgemein, und seien es Gezänk oder Gezeter unter Nachbarn, sind rhythmisch organisiert.[19] Durch Verlangsamung des Sprechrhythmus z.B. signalisieren wir, daß wir ein Telefongespräch beenden möchten.

Im alltäglichen Sprachbewußtsein ist unsere Aufmerksamkeit eher auf kommunikative Absichten, auf eine schnelle Verarbeitung von Informationen gerichtet. Dieser kommunikativen Aufmerksamkeit ist die Aufmerksamkeit auf den Rhythmus untergeordnet. Er spielt seine Rolle mehr im Hintergrund. Aber er spielt sie. Er trägt bei zur Strukturierung und Variierung des Sprechens, er macht es prägnant, ›lebendig‹. Der Weg vom simplen »aber, aber!« oder »Adrian, das Wasser kocht!« bis zu virtuosen Versrhythmen ist nicht weit.

Vergleichbar verhält es sich in der literarischen Prosa. Auch die Prosa ist nicht arhythmisch organisiert, sondern unregelmäßig, polyrhythmisch. Der Rhythmus tritt jedoch gegenüber der Semantik in den Hintergrund. In der Gattung des Prosagedichts, z.B. in Rilkes

Die Weise von Liebe und Tod des Cornets Christoph Rilke (1906), wird der Rhythmus dagegen exponiert.

Vom – vermeintlichen – Gewirr der Alltagsrede oder Alltagsaussprache hebt sich rhythmisches Sprechen als eine intonatorische Ordnung ab. Diese Ordnung wird als eine intendierte wahrgenommen. Ihr Ordnungsprinzip ist die *Wiederholung*: die Wiederholung von intonatorischen Einheiten verbunden mit der *Erwartung* von Wiederholungen. Die Erwartung von Wiederholungen macht, daß Rhythmus nicht einfach erfahren wird als Wiederholung von Vergangenem, sondern als eine Bewegung, die weiterträgt und nach vorne gerichtet ist. Hölderlin hat dafür den Begriff der rhythmischen »Sukzession« gebraucht (*Anmerkungen zur Antigone*). Damit gewährt die rhythmische Sukzession auch eine besondere Erfahrung von Zeit. Wir antizipieren eine zukünftige Fortsetzung aus der Erinnerung des Vergangenen.

Diese durch Wiederholungen und Wiederholungserwartung geordnete intonatorische Form wird im Anschluß an die Gestaltpsychologie als eine *Gestalt* diskutiert. Der Begriff der Gestalt ist ursprünglich in der klassizistischen Ästhetik (Winckelmann, Schiller, Goethe, Hegel) entwickelt worden. Gestalt meint dabei eine strukturierte, komplexe Einheit (›Einheit in der Mannigfaltigkeit‹), die als sinnhafte sinnlich erfahren wird. Diesen Begriff hat die Gestaltpsychologie aufgenommen, um damit die Leistung der Wahrnehmung zu kennzeichnen. Das Wahrnehmen ist ein konstruktiver Akt: wir nehmen Dinge als oder in Einheiten, in Gestalten (genauer also in ›Gestaltungen‹) wahr, z. B. eine Folge von Geräuschen als Rhythmus.[20] Die Gestalt ist eine komplexe, funktionelle und prägnante Einheit. Die Veränderung eines Elements, z. B. einer Betonung, kann eine ganze Gestalt verändern. Veränderungen, die die funktionale Einheit wahren, wahren auch die Gestalt.

Eine rhythmische Gestalt ist eine durch Wiederholungen und Wiederholungserwartung geordnete, durch Anfang und Ende abgegrenzte und von anderen rhythmischen Gestalten oder einer akustisch ›gestaltlosen‹ Umgebung unterscheidbare Einheit. Die rhythmische Gestalt drängt über sich hinaus, da sie ihrerseits mit Wiederholungserwartungen verbunden ist. Als wiederholte sind ihre Elemente gleich, Teile einer Richtung und einer Folge.[21] Die rhythmische Gestalt ist *dynamisch*. Sie wird als eine Einheit und als eine sukzessive Bewegung erfahren. In dieser Bewegung und in dieser Einheit erhalten die einzelnen intonatorischen Elemente ihr Profil.

Insofern die rhythmische Gestalt ein *konstruktiver* Akt unserer Wahrnehmung ist, ist die Wahrnehmung von Rhythmus subjektiv. Subjektiv heißt aber nicht beliebig oder willkürlich. Die Wahrnehmung einer rhythmischen Gestalt orientiert sich einerseits an den intonatorischen Signalen, andererseits orientieren wir uns dabei an Mustern. Nach einem solchen Muster setzen wir z. B. spontan bei zwei Namen den einsilbigen vor den zweisilbigen Namen: *Max und Moritz, Tom und Jerry*.[22]

Regelmäßiger Rhythmus liegt vor, wenn die internen Wiederholungen eine regelmäßige Reihe bilden:

Wieder ein Glück ist erlebt. Die gefährliche Dürre geneset. (Hölderlin): x́xx x́xx x́xx x́xx x́xx x́x: ein Hexameter. Charakteristisch für diese rhythmische Gestalt ist auch die Zäsur nach der dritten Hebung. Eine andere rhythmische Gestalt bildet der *Blankvers*, ein ungereimter, jambischer Rhythmus mit fünf Hebungen: *Hast du zu kennen wenigstens gesucht* (Lessing, *Nathan der Weise*): xx́xx́xx́xx́x́. Charakteristisch für die populäre Dichtung der Weltliteratur (Volkslied, Kinderlied, Ballade z. B.) ist eine rhythmische Gestalt mit drei oder vier Hebungen: *Dort hoch auf jenem Berge / Da geht ein Mühlerad:* x́xx́xx́x. Die rhythmische Gestalt der epischen Lieder des Balkans bestand aus einem trochäischen zehnsilbigen Vers mit einer Zäsur nach der vierten Silbe.

Wenn die rhythmische Gestalt wie z. B. beim Blankvers oder Hexameter eine Zeile gliedert und diese Zeile auch akustisch (durch Anfangs- und Endpausen) oder optisch (durch die Anordnung der Zeilen) markiert und wiederholt wird, dann bildet diese Zeile einen *Vers*. Der Vers ist eine rhythmisch-syntaktisch-semantische (und optische) Einheit in einem System von Versen. Der Begriff kommt vom lateinischen Wort *versus*: Reihe, Linie, Zeile, Furche. Im Druckbild zeigen sich Verse als parallele, abgesetzte Zeilen, gewissermaßen als ein Feld mit Furchen, umgeben von einem weißen Rand. Wie das Beispiel des *Enjambements* (vgl. S. 25 ff.) zeigt, muß die rhythmische Gestalt mit einer syntaktisch-semantischen Einheit nicht zusammenfallen. So wie der Vers eine rhythmische Gestalt bildet, können auch die Strophe und das ganze Gedicht eine einzige rhythmische Gestalt bilden.

Komplizierter ist es beim unregelmäßigen Rhythmus. Gedichte mit unregelmäßigem Rhythmus bilden auch rhythmische Gestalten aus, sei es, daß das ganze Gedicht eine *kalkulierte* unregelmäßige rhythmische Gestalt darstellt und sich dadurch vom Rhythmus der Alltagssprache abhebt, sei es, daß in der unregelmäßigen Makrostruktur wiederkehrende Mikrorhythmen enthalten sind wie in Bachmanns Gedicht. Hier ist die rhythmische Makrostruktur unregelmäßig. Mikrostrukturell lassen sich allerdings wiederkehrende rhythmische Einheiten entdecken. Rhythmisch (und syntaktisch-semantisch und optisch) ist das Gedicht in zwei Teile geteilt. Im ersten Teil kehrt eine daktylische rhythmische Einheit x́xxx́x (»Frühling wird nicht mehr«, »sagen es jedem«, »Aber auch Sommer«, Variation: »sagt eine Musik«) wieder. Der zweite Teil besteht aus regelmäßigen rhythmischen Einheiten, aus regelmäßigen Zeitinseln: x́ Pause x́ Pause x́x Pause x́x. Zwei einsilbigen, betonten Einheiten folgen zwei zweisilbige Einheiten in trochäischem Rhythmus; ein klarer Kontrast zum ersten Teil. Das Gedicht setzt sich also aus zwei rhythmischen Gestalten zusammen: eine Regelmäßigkeiten umspielende unregelmäßige und eine regelmäßige Gestalt. Insgesamt kann es als *eine* rhythmische Gestalt beschrieben werden: unregelmäßiger Rhythmus geht über in eine Folge regelmäßiger rhythmischer Einheiten.

Wiederholung und Ritual

Mindestens zwei bis vier Einheiten, z. B. eine Betonung (Hebung) und eine Betonung: x́x́ (in anderer Notation: – –) oder eine Betonung (Hebung) und eine Nichtbetonung (Senkung): x́x (in anderer Notation: – ◡) müssen gegeben sein, um als Wiederholung gelten und eine Wiederholungserwartung schaffen zu können. Von Wiederholung kann man nur reden, wenn es eine zeitliche *Fuge* (im Doppelsinn von Trennung und Verbindung) zwischen der wiederholten und der wiederholenden Einheit gibt. Die Fuge wird geschaffen durch Unterbrechungen: durch das Intervall der *Pause* und/ oder durch sprachliche Elemente wie Nichtbetonungen, die ebenfalls als Intervalle wahrgenommen werden. Regelmäßige Wiederholung impliziert regelmäßigen Wechsel von Wiederholtem und Nichtwiederholtem. Diese Intervalle zwischen den Wiederholungen fun-

15

gieren als Verstärker für die Wiederholungen. Sie können ihrerseits als Wiederholungen wahrgenommen werden. Hölderlins Vers *Wieder ein Glück ist erlebt. Die gefährliche Dürre geneset.* kann z. B. rhythmisiert werden als Folge von x́xx/x́xx/x́xx... oder als Folge von x́/xx/x́/xx/... oder als: x́/xxx́/xxx́/xxx́/xxx́/xxx́/x. Die Intervalle bilden jeweils eine eigene Regularität. Man kann daher sagen, daß sich im Vers zwei (oder mehr) Wiederholungssequenzen kreuzen.

Untersuchungen haben ergeben, daß die Fuge der Intervalle nicht zu groß und nicht zu klein sein darf. Ist sie größer als 1600 msec., werden Laute nicht mehr als Teile einer rhythmischen Gestalt, sondern als unabhängige ›Lautereignisse‹ wahrgenommen. Jenseits dieser Grenze ist eine rhythmisierende Organisation nur noch schwer oder gar nicht mehr möglich. Die untere Grenze liegt bei 120 msec., die optimale Grenze bei etwa 400 msec. Die rhythmische Gestalt selbst umspielt eine Zeitinsel von zwei bis drei Sekunden Dauer. (Diese Zeiteinheit von zwei bis drei Sekunden Dauer scheint eine universelle Konstante im Behalten und in der Verarbeitung von Informationen zu sein. Satzkonstruktionen von einer Dauer bis zu drei Sekunden werden gut verarbeitet.[23])

Insofern der Rhythmus, regelmäßig oder unregelmäßig, das Sprechen Wiederholungsformen unterwirft, *ritualisiert* er das Sprechen. Ritualität als ästhetisch demonstrative, geregelte Wiederholungshandlung macht eine Grundstruktur von Literatur aus, wie Wolfgang Braungart gezeigt hat.[24] Die ritualisierende Funktion des Rhythmus trägt vielleicht am meisten dazu bei, aus dem poetischen Text ein ›Monument‹[25] zu machen, einen herausgehobenen, auf Dauer angelegten, für die Mit- und Nachwelt bestimmten bedeutungs- und erinnerungsvollen Text.

Als ritualisiertes Handeln gliedert der Rhythmus die Erfahrung von Zeit. Er ist eine Weise, Zeit überhaupt erfahrbar zu machen, sie anzunehmen, zu ordnen und dadurch, wenigstens zeitweise, zu beherrschen.

Sprachlicher und körperlicher Rhythmus

Die rhythmische Gestalt ist eine Entfaltung und Verwirklichung des *dynamischen* intonatorischen Potentials der Sprache. Das Prinzip des *Wortakzents* (gehen: x́x) in den germanischen und romanischen Sprachen bildet dynamische Phasen von Betonung (Hebung) und Nichtbetonung (Senkung), Spannung und Entspannung. Akzentträger ist der Vokal der betonten Silbe. Betont wird eine Silbe, wenn entweder die Tonhöhe oder der Schalldruck oder die Lautstärke oder die Lautdauer verändert werden. Das Prinzip der *Wortquantität* (Länge – Kürze) in den antiken Sprachen hat eine andere rhythmische Dynamik zur Folge. Der Rhythmus, heißt es in Platons *Symposion* (187b), ergibt sich »aus dem Schnellen und aus dem Langsamen, die zunächst zueinander im Gegensatz stehen, dann zusammengebracht werden.« Die einzelnen intonatorischen Faktoren sind Tonstärke, Tondruck, Tonhöhe, Tondauer, Sprechtempo, Sprechmelodie (mit Verlangsamungen, Beschleunigungen, Steigungen u. a.) und die Pause als Markierung von Fugen. Zusammenfassen lassen sich diese Faktoren als Intensität und Dauer, Punkt und Ausdehnung oder als (relative) Tonstärke und (relative) Tonschwäche.

In der Artikulation eines sprachlichen Rhythmus rhythmisieren wir auch unsere körperliche Motorik. Sprechen ist immer auch eine körperliche Aktion und Erfahrung, z. B. das Öffnen (Vokale) und Verschließen (Konsonanten), Spannen und Entspannen der stimmlichen Organe; der Wechsel der Artikulationsstelle, der auch mit dem Bewußtsein von Höhe, Tiefe, Breite, Enge verbunden ist; das Pressen, Verdichten, Verdünnen des Luftstroms. Sprachlicher Rhythmus ist immer auch körperlicher Rhythmus, körperliches Agieren von Rhythmus.[26] In seinen *Cahiers* (Hefte) notierte sich Paul Valéry, bei der Herausbildung des sprachlichen Rhythmus sei »das *Auditive vom Motorischen untrennbar – der Artikulationsakt* oder vielmehr die sukzessive Struktur dieser Akte – macht das *Redemuster* aus (und macht es so verschieden von der Melodie ohne Worte), ein durch sich selbst sehr expressives Muster – von dem bei den Theoretikern nicht die Rede ist...«[27] Daher das Recht des alten Vergleiches des Rhythmus mit der »gemessenen Bewegung« (A. W. Schlegel *Briefe über Poesie, Silbenmaß und Sprache*, 1795, Erster Brief) des Tanzes.[28] Die frühe Dichtung wurde im mündlichen Vortrag zusammen mit Ausdrucksformen wie Tanz, Musik und Gebärdensprache aufgeführt. Dichtung war (und ist immer noch) eine Aufführung. Aristoteles handelt davon im ersten Kapitel seiner *Poetik* (um 335 v. Chr.).

Der körperliche (Mit-)Vollzug des sprachlichen Rhythmus zeigt sich z. B. im Wippen, Wiegen, Klatschen und Stampfen. Er läßt sich besonders gut an der Kinderlyrik beobachten. In Kinderreimen ist immer die Erfüllung der rhythmischen Gestalt wichtiger als der Inhalt.[29] Der sprachliche Rhythmus ist ein funktionaler Teil von Tanz-, Lauf-, Spring- oder Gebärdenrhythmen. Das Aufsagen des Abzählverses z. B. vollzieht sich in einem stark betonten, litaneihaften, ›leiernden‹ Rhythmus und wird begleitet von einer rhythmischen Gestik.

Ene mene mu
Und raus bist du
Raus bist du noch lange nicht
Sag mir erst wie alt du bist
…

Von den Dichtern der Nomaden wird überliefert, daß sie beim Vortrag Schwerter oder Stäbe rhythmisch zu schwingen pflegten.[30] Im Mittelalter war das Singen beim Reiten eine typische Singsituation. Ulrich von Lichtenstein (13. Jahrhundert) hat für diese Situation eine eigene Liedgattung erfunden, die *uzreise* (Ausreise).[31] Der jambische Rhythmus soll den Rhythmus des Reitens nachbilden:

Dar nach do reit ich sa von dan.
Zehant ich tichten do began,
do ich also von danne schiet,
disiu ritterlichen liet.
zehant: alsbald

Solche Lieder sind natürlich nicht nur beim Reiten gesungen worden. Man kann sich gut vorstellen, wie die Zuhörer dabei mit den Beinen wippten.

Metrum, Rhythmus, Ausdruck

Der Rhythmus eines Verses entsteht, wie Tynjanov es nannte, aus einem »Kampf«[32] zwischen Metrum, Wortakzent, Syntax, Semantik

18

und Euphonie. Dadurch erhält der Rhythmus auch eine expressive Kraft. Das Metrum ist das Schema einer regelmäßigen Serie von Wiederholungen. Konsequent realisiert würde es Monotonie erzeugen. Die Basiseinheit des Metrums ist die Silbe. Zwei, drei oder mehr Silben bilden einen *Versfuß*. Die wichtigsten Formen sind *Jambus* (x×́), *Trochäus* (x́x), *Daktylus* (x́xx), *Anapäst* (xxx́) und *Spondeus* (x́x́). Die antike Metrik kannte 28 Versfüße.[33] In seinem programmatischen *Buch von der deutschen Poeterey* (1624) forderte Opitz eine konsequente Anpassung des überkommenen antiken metrischen Modells an das Prinzip des Wortakzents. Wortakzent und metrischer Akzent müssen zusammenfallen. *Tonbeugungen* (z. B. úngeheuer vs. ungehéuer) sollen vermieden werden. Opitz forderte für den Vers einen *alternierenden Rhythmus*, eine regelmäßige Folge von Hebungen und Senkungen.

Das Metrum ist nun kein bloßes abstraktes Schema zur Identifizierung des Rhythmus,[34] sondern es wird als *Basisrhythmus*[35] realisiert. Der Rhythmus geht aus dem Metrum hervor, indem er es aufbricht, verändert, auflöst, phrasiert, synkopiert, kurz: dynamisiert. Er ist eine Reaktion auf die Mechanik des Metrums.[36] Insofern verwirklicht der Rhythmus ein elementares Strukturprinzip von Literatur: Wiederholung und Variation. Umgekehrt gibt es auch eine Tendenz auf den Impuls, den *beat* eines gleichmäßigen, ins Monotone gehenden Rhythmus. Wenn Kinder Kinderreime vortragen, nähern sie den Rhythmus einer gleichförmigen Metrik und einem gleichförmigen Intonationsbogen an. Dieses ›Leiern‹ ist ein Kennzeichen der Kinderlyrik:

> *Strubelimutz, mein Kind ist krank.*
> *Strubelimutz, was fehlt ihm denn?*
> *Strubelimutz, ein Schöpplein Wein.*
> *Strubelimutz, das kann nicht sein.*
> *Strubelimutz, zum Doktor lauf!*
> *Strubelimutz, jetzt steht es auf.*

> *A sailor went to sea sea sea,*
> *To see what he could see see see.*
> *But all that he could see see see,*
> *Was the bottom of the deep blue sea sea sea*

Ein niederländischer Abzählvers:

Olleke, bolleke
ribbeke, solleke
olleke, bolleke, knoll.

Das Spiel von ›Mechanik‹ und ›Dynamik‹, von ›Dynamik‹ und ›Mechanik‹ macht den Rhythmus ›lebendig‹. Goethes Gedicht *Kennst du das Land...* aus *Wilhelm Meisters Lehrjahre* enthält die Verse:

Kennst du es wohl?
Dahin! Dahin!
Möcht' ich mit dir, o mein Geliebter, ziehn!

Die rhythmische Gestalt des Gedichts ist der Blankvers, ein jambischer Rhythmus mit fünf Hebungen. Er wird in Goethes Gedicht variiert. Wegen der typographischen Anordnung und der Semantik lesen wir die Wörter »Dahin! Dahin« durchgängig betont: x̂x̀ x̂x̀ und nicht als x̂x̀x̂x̀, wie es der Blankvers erforderte. Der Schlußvers und der Anfangsvers (»Kennst du das Land, wo die Zitronen blühn«) setzen daktylisch ein: x̂xx̀. Werden diese Abweichungen getilgt, wird der Rhythmus monoton, ›klappernd‹. Fontane läßt in seiner Verserzählung *Fritz Kratzfuß* die Witwe Marzahn diese Verse klappernd, weil ohne Abweichungen lesen:[37]

Und Witwe Marzahn las: »Dahin, dahin
Möcht ich mit dir, o mein Geliebter, ziehn.«

Nun war es klar. Um so was träg und langsam,
Um Goethe, Verse, Mignon.

Die Reaktion auf die Mechanik des Metrums entspringt der syntaktisch-semantischen Organisation des Verses. Das metrische Schema ist festgelegt, das syntaktisch-semantische Schema, die Akzentuierung nach dem Sinn, nicht. Sie ändert sich je nach der Interpretation des Sinns. In Goethes *Heideröslein* wäre das metrische Schema des Verses:

War	so	jung	und	morgenschön
x́	x	x́	x	x́ x x́

Die syntaktisch-semantische Akzentuierung wäre eher:

x   x́   x̀   x   x́ x x́

Die Akzentuierung des *so* kann zusätzlich durch die Assonanz von *so* und *morgenschön* motiviert sein. Der Rhythmus entsteht aus dem ›Kampf‹ zwischen metrischer und syntaktisch-semantischer Akzentuierung, zwischen dem ›Metrumgemäßen‹ und dem ›Sinngemäßen‹. Wie könnte er ausgehen?

Der zweite Vers aus Goethes *Der Erlkönig* lautet: *Es ist der Vater mit seinem Kind.* Eine sinngemäße Akzentuierung würde ergeben: x x x x́ x x x x́. Das metrische Schema wäre: x x́ x x́ x x x́ x x́. Wegen der Assonanz von *ist* und *Kind* könnte auch *ist* und *mit* hervorgehoben werden.[38]

Am Ende von Bachmanns Gedicht schließlich dominiert wegen des Zusammenfallens von Wort und Zeile das Metrum den Rhythmus. *Sonst / sagt / niemand / etwas* akzentuieren wir anders als: *Sonst sagt niemand etwas.* Dieser metrische Rhythmus gibt der Aussage eine eindringliche, ›definitive‹ Kraft.

Brentanos *Wiegenlied* ist als Beispiel für fließenden Rhythmus diskutiert worden.[39] Was das Gedicht ausmache, seien Klang und Rhythmus, die Bedeutung trete dagegen zurück:

Singet leise, leise, leise,
Singt ein flüsternd Wiegenlied
Von dem Monde lernt die Weise,
Der so still am Himmel zieht.

Singt ein Lied so süß gelinde,
Wie die Quellen auf den Kieseln,
Wie die Bienen um die Linde
Summen, murmeln, flüstern, rieseln.

Den Rhythmus nehmen wir jedoch auch als fließenden wahr, weil die Bedeutungen der Wörter ›singen, sprechen, ziehen, rieseln, leise‹ eine Vorstellung des ›Fließens‹ evozieren. Umgekehrt wird der so verstandene und vollzogene Rhythmus eine ikonische Darstellung des Fließens. Ändert man versuchsweise die Semantik, ändert sich auch die Wahrnehmung des Rhythmus:

> Singet lauter, lauter, lauter,
> Singt ein kräftig Morgenlied,
> Von der Sonne lernt die Weise,
> Die so froh am Himmel zieht.

Die rhythmische Gestalt wird auch durch den semantischen Kontext bestimmt.[40] Erst mit ihm wird verständlich, warum wir einen Rhythmus als weich, hart, fließend oder stockend wahrnehmen.

Brentanos Gedicht ist ein gutes Beispiel für die expressive Leistung des Rhythmus. Das Gedicht ist eine Rede über Fließen und zugleich ein *Ausdruck* dieses Fließens. Der Rhythmus vollzieht oder inszeniert, wovon das Gedicht redet. Man könnte auch formulieren: seine rhythmische Gestalt exemplifiziert das Fließen. So ist auch in Hölderlins Gedicht *Hälfte des Lebens* der Rhythmus ein Ausdruck des zerbrechenden Lebenszusammenhanges, von dem das Gedicht redet:

> Weh mir, wo nehm' ich, wenn
> Es Winter ist, die Blumen, und wo
> Den Sonnenschein,
> Und Schatten der Erde?
> Die Mauern stehn
> Sprachlos und kalt, im Winde
> Klirren die Fahnen.

Intonatorischer Reim

Die Gestalt des Rhythmus und ihre Wiederholung machen aus sprachlichen Sequenzen *Verse*. Die Verseinheit stimmt häufig mit der syntaktisch-semantischen Einheit überein, muß das aber nicht, wie das Beispiel des Enjambements lehrt. In mündlicher Realisierung wird der Vers durch Pausen am Anfang und Ende, in schriftlicher Realisierung wird er zusätzlich durch eine optische Anordnung markiert. Weiter kann das Ende des Verses durch den Reim (vgl.

S. 46 f.) markiert sein. Die je unterschiedliche Realisierung des Verses bestimmt z. B. die antiken Odenformen, den *Hexameter* (daktylischer Rhythmus mit sechs Hebungen), den *Pentameter* (daktylischer Rhythmus mit fünf Hebungen), den *Alexandriner* (jambischer Rhythmus mit sechs Hebungen, mit einer *Zäsur* nach der dritten Hebung), den *Blankvers* (jambischer Rhythmus mit fünf Hebungen), den *Knittelvers* (rhythmische Gestalt mit vier Hebungen, paarweise gereimt, zwischen acht und fünfzehn Senkungssilben).[41] Wegen ihrer bewußten Abwendung von der regelmäßigen Ordnung des Verses wird der Begriff des Verses in der Interpretation moderner Gedichte meist durch den neutralen der Zeile ersetzt. Der Vers (oder die Zeile) bildet die Grundlage der Rhythmik des ganzen Gedichts. Er kann in sich selbst hierarchisch strukturiert sein, vom einzelnen Versfuß über Wortgruppen (*Kola*, Sg. *Kolon*, von gr. kolon: Glied) zum Vers. Kola sind durch Pausen getrennt. Ein Beispiel wäre der Alexandriner mit seiner Zäsur. In Bachmanns Vers *Tausendjährige Kalender sagen es jedem voraus* bilden sich zwei unterschiedliche rhythmische Kola: das erste Kolon *Tausendjährige Kalender* ist unregelmäßig, das zweite Kolon *sagen es jedem voraus* wiederholt die daktylische Grundgestalt des Gedichts. Beide Kola werden durch die Assonanz der Laute *au* und *a* verbunden. Die Pause zwischen den beiden Kola betont je ihre Aussage.

Verse werden zu Strophen gruppiert, Strophen zum Gedicht. Die Gruppierung zur Strophe (Vers – Zäsur / Pause – Vers ...) und die Gruppierung der Strophen (Strophe – Zäsur / Pause – Strophe ...) entfalten neue rhythmische Gestalten. Das Gedicht ist eine Einheit unterschiedlicher rhythmischer Gestalten, eine hierarchisch geordnete rhythmische ›Supergestalt‹. Konstitutiv für den Rhythmus ist jeweils die Wiederholung und die Wiederholungserwartung: im Vers, der Verse, der Strophen.

Der Rhythmus verleiht dem Vers Einheit und Dichte.[42] Über die syntaktische und semantische Verknüpfung der Wörter legt sich die rhythmische Gestalt. Sie verwandelt semantisch und syntaktisch verschiedene Wörter in rhythmische *Äquivalenzen* – und schafft dadurch neue semantische Assoziationen. Wie der Reim (vgl. S. 46 ff.) stellt der Rhythmus Gleiches im Verschiedenen und Verschiedenes im Gleichen heraus.[43] Man könnte ihn daher einen *intonatorischen Reim* nennen.

Indem der Rhythmus zusätzliche semantische Beziehungen her-
stellt, *semantisiert* er den Vers. In einer gegenläufigen Tendenz *dese-
mantisiert* er gleichzeitig den Vers, indem er die Teile eines Wortes,
Silben, einzelne Laute betont. Er lockert den semantischen Zusammenhang des Wortes, er verwandelt seine Teile in Lautmaterial für
die rhythmische Gestalt. Die Faszination des Rhythmus entspringt
nicht zuletzt dem Zusammen- und Widerspiel von Semantisierung
und Desemantisierung. Schließlich signalisiert die rhythmische Gestalt mit ihrer Einheit, ihrer Dichte und ihrer Ritualisierung des
Sprechens den Anspruch einer besonderen Bedeutung und einer besonderen Form, den Anspruch einer künstlerischen Absicht, den
Anspruch eines ›Monuments‹. Sie sagt gewissermaßen: »Ich bin
Poesie.«

Ende und Übergang: Enjambement

… Übergreifen des Sinnes (Enjambement) vielbedeutend …

Goethe

Genauso wichtig wie die phonetische Realisierung ist für die rhythmische Gestalt die Verteilung der Pausen. Pausen oder Unterbrechungen kommen vor an den Silbengrenzen, Wortgrenzen, Zeilengrenzen, Strophengrenzen und Gedichtgrenzen selbst. Wird eine bestimmte Pause betont und kontinuierlich durchgehalten, wird sie *Zäsur* genannt. Der in barocker Lyrik beliebte *Alexandriner* (zwölf- oder dreizehnsilbiger Vers) hat z. B. nach der sechsten Silbe bzw. dritten Hebung eine Zäsur:

> *Ach lobe, lobe, lob, ohn Unterlaß und Ziel*
> v. Greiffenberg

Als Paradigma des *Verses* gilt die Kongruenz der rhythmischen Gestalt mit der Syntax. Das Ende des Verses wird markiert durch den Zusammenfall des rhythmischen und syntaktischen Abschlusses und häufig auch durch einen *Endreim*. Meist ist der Abschluß durch eine Interpunktion markiert:

> *Es ist ein schne gefallen*
> *und ist es doch nit zeit,*
> *man wirft mich mit den pallen,*
> *der weg ist mir verschneit.*
> Volkslied

Diese syntaktische und rhythmische Kongruenz wird vom *Enjambement* (›Zeilensprung‹; von franz. enjamber: überschreiten) durchbrochen.[1] Hier fällt der rhythmische Abschluß mit dem syntaktischen nicht zusammen:

Über allen Gipfeln

Ist Ruh,

In allen Wipfeln

Spürest du

Kaum einen Hauch;

Die Vögelein schweigen im Walde.

Warte nur, balde

Ruhest du auch.

Goethe, Wandrers Nachtlied

Das Enjambement verbindet syntaktisch (mindestens) zwei Verse, wahrt aber deren visuelle und rhythmische Trennung. Das Enjambement ist ein Ende, das keines ist. Es stellt ein Ende und zugleich einen Übergang dar, einen Bruch und zugleich einen Zusammenhang, eine Differenz und eine Vermittlung. Es schafft dadurch einen synkopierenden Rhythmus. Je nach Kontext legt dieses Verhältnis die Betonung fest.

In der Lektüre läßt das ›offene‹ Ende des Enjambements den Blick auf die weiße, leere Fläche des Papiers gleiten und zieht deren ›Sprachlosigkeit‹ in die Stimme des Gedichts. Das Enjambement ist sowohl ein rhetorisches als auch ein visuelles Gedichtelement.

Wegen des Doppelcharakters von Ende und Übergang führt das Enjambement tendenziell zu einer syntaktischen und semantischen Doppeldeutigkeit. Die verbundenen Verse werden als separate Einheiten wahrgenommen und auch als Teile einer Einheit. Daher entstehen zwei simultane syntaktische und semantische Organisationen des Verses. Über Manzonis *Il conte di Carmagnola* (Der Graf von Carmagnola, 1820) schrieb Goethe, daß hier ein Versmaß durch »ein eigenes Übergreifen des Sinnes (Enjambement) vielbedeutend« werde.[2]

Auch der Rhythmus erhält durch das Enjambement eine doppelte Tendenz: eine zum Innehalten, eine zur Fortsetzung. Deklamatorisch kann das Enjambement realisiert werden durch bewußt bruchloses Deklamieren beider Verse oder aber, der doppelten rhythmischen Tendenz entsprechend, durch eine Verzögerung, eine Dehnung, eine Pausierung oder Stauung des Rhythmus, meist verbunden mit einer Hebung der Stimme, die auch noch den Anfang der folgenden Zeile erfassen kann. Das Versende erhält dadurch eine zusätzliche Betonung, die neue semantische Doppeldeutigkeiten erzeugen kann.

In der antiken Literatur wird die Kunst des Enjambements intensiv genutzt. In Oden werden Enjambements durchgängig verwendet. Das *rîme … samnen unde brechen* (Verse verbinden und brechen, Wolfram von Eschenbach, *Parzival* 337, 25 f., um 1200) findet sich auch in frühmittelalterlicher Literatur. Die französische, deutsche und englische Literatur des Mittelalters ist voller Enjambements:

> *Des himels trone*
> *empfärbet sich*
> *durch tags gedrank.*
> *Die voglin schone*
> *erwecken mich*
> *mit süessem klank.*
> …

   Oswald von Wolkenstein, um 1400

   empfärben: entfärben, verfärben; gedrank: Gedrang; schone: schon, freundlich, zart

In Poetiken des Barock wurde vor dem Enjambement gewarnt und die Kongruenz von Vers und Syntax eingefordert. Doch hielten sich nicht alle Poeten an diese Norm. Im 18. Jahrhundert wird das Enjambement wieder virtuos gehandhabt, als ein Mittel der Emanzipation vom strengen, regelmäßigen Vers.[3]

Typen des Enjambements

Als Typen können *morphologische Enjambements* (Trennung eines Wortes), *Zeilenenjambements* und *strophische Enjambements* (eine Strophe geht in eine andere über) unterschieden werden. Es gibt auch Grade des Enjambements, *harte* und *glatte*.[4] Hölderlins Lyrik eignet sich besonders gut zu einer typologischen Differenzierung:

> *Im dunkeln Efeu saß ich, an der Pforte*
> *Des Waldes, eben, da der goldene Mittag,*
> *Den Quell besuchend, herunterkam*
> *Von Treppen des Alpengebirgs,*

Das mir die göttlichgebaute,

Die Burg der Himmlischen heißt

Nach alter Meinung, wo aber

Geheim noch manches entschieden

Zu Menschen gelanget; von da

Vernahm ich ohne Vermuten

Ein Schiksal, denn noch kaum

War mir im warmen Schatten

Sich manches beredend, die Seele

Italia zu geschweift

Und fernhin an die Küsten Moreas.

    Der Rhein, V. 1 ff.

Gegenüber den Enjambements »Pforte / Des Waldes« und »herunterkam / Von Treppen des Alpengebirgs«, und »heißt / Nach alter Meinung« werden die Enjambements »wo aber/Geheim noch manches«, »von da / Vernahm ich« und »die Seele / Italia zu« als hart wahrgenommen. Beim glatten Enjambement ist zwar, wie in »herunterkam / Von Treppen«, die erste Zeile syntaktisch unvollständig, sie bildet aber einen syntagmatischen Zusammenhang. (Ein *Syntagma* ist ein Satzteil mit einem engeren Bedeutungszusammenhang z. B. *die Seele; Vernahm ich; die Seele Italia zu geschweift.*) Im Versende von »Den Quell besuchend, herunterkam« liegt ein schwacher, aber doch wahrnehmbarer syntagmatischer Einschnitt, denn das Prädikat ›kommen‹ fordert nicht notwendig eine adverbiale Ergänzung. Im Unterschied dazu stellt das Enjambement von »wo aber / Geheim« einen syntagmatischen Bruch dar. Die Konjunktion eröffnet einen syntagmatischen Zusammenhang, sie schließt ihn nicht ab. Nicht wenige Verszeilen in den späten Hymnen und Hymnenfragmenten Hölderlins schließen mit Konjunktionen, an denen der Doppelcharakter des Enjambements von Bruch und Verbindung besonders sinnfällig wird: *aber, denn, oder, als, sondern, da, und, weil.* Solche Enjambements führen bis in die Härte morphologischer Enjambements:

        Har-

   monia

        Aus Hölderlins Übersetzung der *Pythischen Ode III* von Pindar

In seiner Lyrik bevorzugte Goethe das glatte Enjambement, er verwendet freilich auch das harte, z. B. in der Hymne *Wandrers Sturmlied*. In seiner wie in der Lyrik Klopstocks und Schillers zeigt sich, daß regelmäßiger Binnenrhythmus das Enjambement der Versgrenzen glättet, unregelmäßiger Binnenrhythmus ihn aufrauht. Glätte und Härte des Enjambements hängt also auch von der übergreifenden rhythmischen Gestalt ab. In seiner Jugend bevorzugte Hölderlin ebenfalls das glatte Enjambement, bis er in seinen Gedichten ab 1796 und entschieden in den Hymnen nach 1800 harte Enjambements verwendet. Er orientiert sich an den antiken Oden, vor allem an den Oden des griechischen Dichters Pindar (6. Jahrhundert v. Chr.). Pindar war neben der biblischen Psalmendichtung das große Vorbild[5] für die Kunst des freien Rhythmus und des harten Enjambements im 18. Jahrhundert:

> *über manches kommt auch des Vergessens Wolke unversehens*
> *und zieht den geraden Weg der Handlungen quer vorbei*
> *aus den Sinnen.*
> *Und so stiegen sie hinauf und hatten der brennenden*
> > *Flamme Samen nicht. Sie stifteten mit feuerlosen Opfern*
> *ein Heiligtum in der Oberstadt. Ihnen*
> > *führte er eine helle Wolke herbei*
> *und regnete viel Gold; sie aber verlieh ihnen, die Helläugige*
>
> *jede Kunst, die Irdischen*
> *mit bestarbeitenden Händen zu übertreffen.*
> …
>
> Siebte Olympische Ode, übers. v. Dieter Bremer

Das Enjambement »unversehens / und« kann wegen der syntagmatischen Grenze als ein glattes Enjambement gelten, »brennenden / Flamme« als ein hartes. Das Gedicht ist auch ein Beispiel für strophisches Enjambement.

In diesem Jahrhundert hat diese Kunst harter Enjambements Rilke aufgenommen und dann, von Hölderlin und Rilke inspiriert, Paul Celan. Er verwendet auch morphologische Enjambements. Das Gedicht *Benedicta* aus *Die Niemandsrose* endet mit der Strophe:

Ge-
trunken.
Ge-
segnet.
Ge-
bentscht.

In William Carlos Williams' Gedicht *The red Wheelbarrow* (Der rote Schubkarren) werden die Bestandteile von Komposita für das Enjambement genutzt. Sind *wheel / barrow* und *rain / water* harte oder glatte Enjambements oder beides?

The red Wheelbarrow

so much depends
upon

a red wheel
barrow

glazed with rain
water

beside the white
chickens.

Vor dem Hintergrund der Wirkungsgeschichte einer Kunst harter Enjambements von Hölderlin bis Celan erscheinen die glatten Enjambements heute weniger spektakulär als noch im 18. Jahrhundert.

Das Reden von Enjambements unterstellt die Existenz eines Systems von Versen, d.h. von wiederkehrenden rhythmischen Gestalten mit rhythmischer und syntaktischer Kongruenz. Das Enjambement als Abweichung bestätigt dieses System. Fehlt diese Unterstellung, wird ein solches Verssystem nicht mehr wahrgenommen, dann wird der Begriff des Enjambements fraglich. Diese Frage muß man sich schon bei Gedichten Hölderlins wie *Der Einzige, Der Ister* und *Mnemosyne* stellen, in denen das harte Enjambement die Zeilenenden dominiert. Im Blick auf Hölderlins Kunst des Enjambements hat Wolfgang Binder schon von »rhythmischen Sätzen«, nicht von Versen gesprochen.[6]

In Hölderlins Gedichten nach 1801 nimmt das harte Enjambement zu. Es wird nun als Regel verwendet. Alle drei Typen des Enjambements kommen vor. Läßt man auch einen Strophenabschluß mit Komma als Enjambement gelten, dann finden sich Strophenenjambements jetzt in *Der Einzige, Patmos, Der Ister.* Auch diese Form des Enjambements hatte Hölderlin bei Pindar lernen können, wie seine Übersetzungen der Oden Pindars zeigen.

Morphologische Enjambements finden sich auch bei Pindar. Hölderlin übernimmt sie, z.B. *Har-/Monia, Apol-/lo, son-/dern, ver-/wegne, Loo-/sen, Kir-/rha* (der Hafen von Delphi). Wegen der (relativen) Eigenständigkeit, die wir einer Zeile zuerkennen, wenn wir sie als Vers lesen, und wegen der Betonung, die das Enjambement der letzten – und der folgenden ersten – Silbe gibt, erhalten auch die Wortteile ein (relatives) Eigengewicht. Im harten morphologischen Enjambement wird ein Wort dadurch mehr gespalten als getrennt. Solche Wortspaltungen radikalisieren freilich nur die Tendenz der rhythmischen Organisation eines Verses, die Teile eines Wortverbandes (die Silben, die einzelnen Laute) hervorzuheben (vgl. S. 24). So verschiebt das Enjambement in *Mnemosyne* das »einmal« in ›ein Mal‹, das sich beziehen läßt auf das Kreuz: »... da, vom Kreuze redend, das / Gesetzt ist unterwegs einmal / Gestorbenen«.

Bei den morphologischen Enjambements kann man nun einen Typ unterscheiden, in dem die Trennung das Wort nicht in semantische, sondern in phonetische Einheiten aufspaltet, wie in *Kir-/rha.* Selbstverständlich bleibt das Wort in der Trennung als semantische Einheit bestehen, es wird aber zugleich materialisiert in zwei a-semantische Laute. Oder auch: aus zwei Lauten entsteht, fremd geworden, ein Wort neu. Es versteht sich, daß mit diesem ›Lettrimus‹ nur eine Tendenz gemeint ist, die Desemantisierung (oder Phonetisierung) löscht ja die semantische Einheit nicht aus.

An solchen Stellen drängt sich in und zwischen die Bedeutungen des Gedichts der rhythmische, fremde, sperrige Laut. Übergänge vom rhythmischen Laut zum Wort und vom Wort zum rhythmischen Laut werden so erzeugt.

Geradezu programmatisch führt dies die Spaltung des Wortes *Har-/Monia* vor. Das von der zeitgenössischen Anordnung der Gedichte Pindars übernommene Enjambement stellt wirklich einen Bruch, eine ›Härte‹ dar. Die Lautstruktur des Enjambements scheint die Bedeutung des Wortes zu negieren. Dennoch ist eine ›Harmonisierung‹ des harten Lautes »Har« in »Monia« hörbar. In der rhythmischen Figur dieses Enjambements wird das betonte, gestaute »Har« vom Rhythmus der Senkung – Hebung – Senkung gelöst und aufgefangen. Diese rhythmische Gestalt: Stauung des Rhythmus und seine Auflösung, sowie ihre Umkehrung: eine längere rhythmische Einheit endet in einer kurzen, bündigen rhythmischen Einheit, stellt die rhythmische Grundfigur in Hölderlins Lyrik nach 1801 dar (vgl. z.B.: »Nah ist / Und schwer zu fassen der Gott.« Und: »Denn Ströme machen urbar / Das Land.« Vgl. S. 8.) Noch der isolierte, harte Laut, der ans Geräusch grenzt, wird als ein Moment der Harmonie vergegenwärtigt, und das heißt: Die Harmonie der Welt wird selbst oder gerade an ihren Brüchen nicht dementiert. Harmonie muß sich in und an dem erweisen, was sich gegen eine glatte, bruchlose Einheit sperrt.

Die Verszeilen der späten Hymnen und Hymnenfragmente Hölderlins sind von einer durchgängigen rhythmischen Unruhe ergriffen. Rhythmische und syntaktische Unregelmäßigkeiten lösen lineare Sequenzen auf, zugunsten geradezu montierter rhythmischer und semantischer Blöcke, zugunsten der Freisetzung einzelner Wörter und Syntagmen, die dadurch eine schwere, auratische Bedeutung erhalten und syntaktisch und semantisch vieldeutig werden können.[7] Das harte Enjambement ist ein wesentliches Mittel zur Erzeugung von harten Fügungen. Zu den Unterbrechungen des Satzes durch Umstellungen (*Inversionen*), Einschübe und Abbrüche (*Anakoluthe*) tritt die Unterbrechung des Enjambements. Komplementär zur Verwendung von Enjambements am Zeilenende wird der Satzschluß ins Innere der Zeile gelegt (auffallend z.B. in *Der Einzige* und in *Mnemosyne*). Zur Unterbrechung am Zeilenende tritt die Unterbrechung der Zeile in meist fragmentarische Teile – die durch das Enjambement verbunden werden. Das Enjambement und die komplementäre Versetzung des Punktes in das Innere der Zeilen entspricht der Tendenz dieser Lyrik zur Auflösung der Verseinheit und zur Prosa. Die Worte erscheinen nicht so sehr nach Sätzen geordnet als nach unregelmäßigen Zeilen und synkopierten rhythmischen Blöcken gruppiert.

Das Enjambement gibt dem letzten und dem folgenden ersten Wort eine Betonung mit. Diese kann schwerer oder leichter ausfallen. Auch dann, wenn eine Zeile mit einer Senkung endet, z. B. »Und deines Sohnes wegen / Gelitten, o Madonna«, wird die letzte Silbe durch die Hebung der Stimme und durch die Pause leicht betont, ebenfalls die Anfangssenkung der folgenden Zeile. Die rhythmisierende und rhetorisierende Funktion des Enjambements zeigt besonders eindringlich das Fragment *Wie Meeresküsten …* In einer grandiosen Aufnahme des alten Topos von der Dichtung als Schifffahrt wird das Gelingen des »Werk(s)« dargestellt: »…also schlägt es / Dem Gesang … Das gewaltige Gut ans Ufer.« Das Gedicht besteht aus einer einzigen verschachtelten Satzperiode, deren rhythmische Spannung von den Enjambements erzeugt und getragen wird. Alle Zeilen, bis auf die letzte, enden in Enjambements. Die stauenden Pausen der Enjambements, in denen Unterbrechungen mit Übergängen sich vertauschen, bilden die rhythmische Achse des Gedichts:

Wie Meeresküsten, wenn zu baun
Anfangen die Himmlischen und herein
Schifft unaufhaltsam, eine Pracht, das Werk
Der Wogen, eins ums andere, und die Erde
Sich rüstet aus, darauf vom Freudigsten eines
Mit guter Stimmung, zu recht es legend also schlägt es
Dem Gesang, mit dem Weingott, vielverheißend dem bedeutenden
Und der Lieblingin
Des Griechenlandes
Der meergeborenen, schicklich blickenden
Das gewaltige Gut ans Ufer.

Tendenz zur Doppeldeutigkeit

Das Enjambement setzt das, was es trennt und verbindet, zugleich als Einheiten und als Teile. Dadurch können die Formulierungen in diesen Zeilen nach zwei verschiedenen Kontextuierungen verstanden werden. Sie werden zweifach beziehbar, daher doppeldeutig.

(Sie *müssen* freilich nicht doppeldeutig werden.) Diese Möglichkeit des Enjambements hat Hölderlin kühn genutzt.

Im Gedicht *Wie Meeresküsten...* setzt das Enjambement das Wort »Werk« in zwei Kontexte: das Enjambement betont und isoliert das »Werk«, indem die Zeile mit diesem Wort abschließt. Es gewinnt eine emphatische Bedeutung, die später in die Metapher vom »gewaltige(n) Gut« gefaßt wird. Und das Enjambement bezieht das »Werk« auf die »Wogen«. In Analogie zum »Werk / Der Wogen« wird das Werk des »Gesang(s)« geradezu als Naturvorgang vorgestellt.

In *Der Einzige* heißt es: »In heiligen Schriften. Himmlische sind / Und Menschen auf Erden beieinander die ganze Zeit. Ein großer / ...«. Das Enjambement schafft wieder zwei Kontexte: »Himmlische sind« und »Himmlische sind und Menschen auf Erden...«. In der zweiten und dritten Fassung des Entwurfs *Griechenland,* um damit zu schließen, spielt Hölderlin mit der doppelten Kontextualität von »gut«:

O ihr Stimmen des Geschicks, ihr Wege des Wanderers
Denn an der Schule Blau,
Fernher, am Tosen des Himmels
Tönt wie der Amsel Gesang
Der Wolken heitere Stimmung gut
Gestimmt von Dasein Gottes, dem Gewitter.

Aus Dissonanz Konsonanz: Reim

In Reimes Hut
Geheimes ruht.
Benno Papentrigk's Schüttelreime

Verschneiter Weg

1

Es ist ein schne gefallen
und ist es doch nit zeit,
man wirft mich mit den pallen,
der weg ist mir verschneit.

2

Mein Haus hat keinen gibel,
es ist mir worden alt,
zerbrochen sind die rigel,
mein stüblein ist mir kalt.

3

Ach lieb, laß dichs erparmen
Daß ich so elend pin,
und schleuß mich in dein arme!
So vert der winter hin.

Dieses Volkslied, hier abgedruckt in der Fassung einer Handschrift des 15. Jahrhunderts, ist ein wunderbares Beispiel lyrischer Poesie. Seine Form wird bestimmt durch einen jambischen, dreihebigen Rhythmus mit alternierend betonten und unbetonten Endungen und einem *Reim*, einem *Kreuzreim*.

Volkslieder sind gereimt, der Schlager ist gereimt, Gelegenheitsgedichte, Kinderlieder sind gereimt. Intuitiv und trotz seiner Vermeidung gilt der Reim immer noch als das wichtigste identifikatorische Merkmal von Gedichten. Gereimte Texte sind Gedichte, ungereimte Texte können Gedichte sein. Doch waren und sind Gedichte nicht immer gereimt. Die antike Lyrik kannte den Reim nicht. Vielmehr war das wichtigste formale Merkmal von Lyrik der metrisch geregelte Rhythmus. Aufs Ganze lyrischer Produktivität gesehen, also einschließlich aller Formen von Gebrauchslyrik, werden allerdings wohl mehr gereimte als ungereimte Gedichte verfaßt. Gleichwohl gilt als Paradigma moderner Lyrik das reimlose Gedicht, z. B. von Rilke, Benn, Bachmann, Celan, Ungaretti, Apollinaire, Saint-John Perse, Pound, Lorca, Majakowski, Mandelstam, Enzensberger. Reimlosigkeit gilt als Indiz für eine ›offene‹, zeitgemäße, der Reim als Indiz für eine ›geschlossene‹, antiquierte Ästhetik. 1980 eröffnete Peter Rühmkorf seine Frankfurter Poetikvorlesung mit dem Satz: »Der Reim ist an sich kein Thema, er ist als poetische Praxis ziemlich aus der Mode geraten und bietet nur wenig Anlaß für gesellschaftliche Debatten.«[1] Ein Blick in repräsentative Lyrikanthologien der letzten Jahrzehnte, in Enzensbergers *Museum der modernen Poesie* (1960) und in Hartungs *Luftfracht. Internationale Poesie 1940 bis 1990* (1991), belegt Rühmkorfs Feststellung.

So wie die moderne Reimlosigkeit vor dem Hintergrund der Tradition des Reims wahrgenommen wurde, so gewinnt heute vor dem Hintergrund der modernen Reimlosigkeit der Reim eine neue Faszination, z. B. bei Robert Gernhardt, Durs Grünbein, Karl Mickel, Wolf Biermann, Sarah Kirsch, nicht zuletzt bei Rühmkorf selbst, dessen Poetikvorlesung von 1980 auf eine Rehabilitation der poetischen Möglichkeiten des Reims zielt und die Lust am Reim in der Poesie des Alltags herausstellt, von *Mama*, *Papa* bis zu Formeln und Ausdrücken wie *Eile mit Weile, Holterdipolter, Tuttifrutti, Knall und Fall, Saus und Braus, Hülle und Fülle, Schicki-Micki, Kuddel-Muddel.* Umgekehrt gewann die neue Poetik der Reimlosigkeit im 18. Jahrhundert ihre Faszination vor dem Hintergrund der Reimpraxis. In der Vorrede zu Miltons *Paradise Lost* von 1667 schon gilt der Reim als eine »Invention of an barbarous Age«. In *Dichtung und Wahrheit* berichtet Goethe, daß sein Vater den Reim als »für poetische Werke unerläßlich« ansah und entsetzt darüber war, daß es reimlose Verse gab, wie in Klopstocks in Hexametern verfaßtem Epos *Der Messias* (1748 bis 1773), die ihm, wie Goethe schrieb,

»keine Verse schienen, ein Gegenstand der öffentlichen Bewunderung wurden«.[2]

Das Wort *Reim* wird etymologisch von einem Wort abgeleitet, das soviel wie ›Zahl‹ bedeutet; althochdeutsch *rîm* bedeutet Reihe, Reihenfolge, Zahl. Das althochdeutsche Verbum *rîmen* bedeutet ›sich in eine Ordnung fügen‹. Im 12. Jahrhundert entwickelte sich in Frankreich daraus das Verb *rimer*: reimen, und das Substantiv *rime*: Reim. Diese Bedeutung wurde dann ins Deutsche entlehnt. Die mittelhochdeutsche Grundbedeutung von *rîm* ist Vers, also die rhythmisch geregelte Reihe von Wörtern. *Rîm* kann im 13. Jahrhundert dann Vers oder Reim bedeuten. Die Bedeutung von *rîm* als Vers hält sich lange, heute noch in Wörtern wie *Kehrreim* oder *Kinderreim*.[3]

Die Entstehung der europäischen Endreimdichtung im frühen Mittelalter stellte eine Wende in der europäischen Versgeschichte dar.[4] In der Lyrik des frühen und hohen Mittelalters wird der Reim zur Norm, schon als *reiner Reim*, als – eine vorläufige Bestimmung! – lautliche Übereinstimmung zweier Wörter vom letzten betonten Vokal an. Die Stellung des Reims an das Ende von Versen wird ebenfalls zur Norm. Der Begriff des *Endreims* umfaßt nun das Ende des Wortes und das Ende des Verses. In seinem *Buch von der deutschen Poeterey* (1624) legte Opitz nach dem Vorbild französischer Poetiken die Bedeutung des Reims als Endreim fest. Reim und Vers wurden von nun an differenziert: »Ein reim ist eine vber einstimmung des lautes der syllaben und wörter zue Ende zweyer oder mehrerer verse« (VII. Kapitel).

Typen des Reims

Trotz der Herausbildung des reinen Reims als Prototyp des Reims war und blieb die Reimpraxis tolerant. Freiheiten wurden zugelassen. Als Reime galten in der mittelhochdeutschen Lyrik auch *vil – hin, priester – meister*. Goethe und Heine gingen mit dem Reim ausgesprochen lässig um. Bei Goethe können z. B. reimen *zeugtest – leuchtet, Vesires – festes*; bei Heine *Glas – Hass, Passion – Baron, wunderlich – erwachte ich*. Selbst das Fehlen des Reims in versischen Gedichten, z. B. bei Heine, stört nicht. Tolerant ist der Gebrauch auch im Volkslied, wie hier in *erparmen – arme*, und in der Kinderlyrik:

> *Backe, backe Kuchen*
> *Der Bäcker hat gerufen:*
> *Wer will guten Kuchen backen*
> *Der muß haben sieben Sachen*
> ...

Gereimte Verse können auch mit reimlosen kombiniert werden. Reimlose Verse in einem Reimsystem werden *Waisen* genannt.

Nach der Ausbildung der Norm des Reims markiert das Erfüllen oder Nichterfüllen der Endreimposition die Struktur des Gedichts. Gleichermaßen signifikant ist das Vorkommen und Fehlen des Reims. Gedichte ohne Reim werden wahrgenommen als Gedichte mit *Minus*-Reim.

Die Möglichkeit, Reime im Vers und am Ende von Versen zu bilden und die Verteilung am Versende zu variieren, führt zur Entwicklung eines Systems von Reimformen. Einige wichtige Beispiele:[5]

Dem *Endreim* steht der *Binnenreim* gegenüber. Wörter am Versende reimen mit Wörtern im Versinnern (auch des folgenden Verses):

> *Ene dene daus*
> *Und du bist raus.*
> Abzählreim

> *Eine starke schwarze Barke*
> *Segelt trauervoll dahin.*
> *Die vermummten und verstummten*
> *Leichenhüter sitzen drin.*
> Heine

> *der Himmel, mein Herz, ist*
> *klar – leer wie die Stelle,*
> *wo eben die Amsel*
> *noch war.*
> Petersdorff

Ein Pendant zum Endreim ist der *Anfangsreim*. Die syntaktischen Möglichkeiten erlauben der Anfangsposition nicht die Reim- und Textvariabilität der Endposition:

> *Ein Laub, das grünt und falbt geschwind,*
> *ein Staub, den leicht vertreibt der Wind.*
> Harsdörffer

Das dominante Reimmuster mittelalterlicher Lyrik und Epik ist der *Paarreim* (aa), die älteste Form der Reimstellung. Der durch den Reim und den Rhythmus gebundene Zweizeiler bildet eine Einheit, die leichter gehört, memoriert und vorgetragen werden konnte. Der Paarreim ist das typische Reimschema volkstümlicher Dichtung, der Kinderlyrik und auch Wilhelm Buschs:

> *Du bist mîn, ich bin dîn:*
> *das solt dû gewis sîn.*
> *Dû bist beslozzen*
> *in mînem herzen:*
> *verlorn ist daz slüzzelîn:*
> *du muost immer drinne sîn.*
> Anonym

> *1 2 3 4 5 6 7*
> *In der Schule wird geschrieben*
> *In der Schule wird gelacht*
> *Bis der Lehrer pitsch-patsch macht.*
> Kinderreim

> *Dieses war der erste Streich,*
> *Doch der zweite folgt sogleich.*
> Wilhelm Busch, Max und Moritz

> *Frage*
> *Kann man nach zwei verlornen Kriegen,*
> *Nach blutigen Schlachten, schrecklichen Siegen,*
>
> *Nach all dem Morden, all dem Vernichten,*
> *Kann man nach diesen Zeiten noch dichten?*

Die Antwort kann nur folgende sein:
Dreimal NEIN!
   Gernhardt

Je nach Kontext hat der Paarreim in diesen Beispielen einen anderen Effekt. Nach dem Schema des *Kreuzreims* (abab) mit wechselnd weiblichen und männlichen Ausgängen ist *Verschneiter Weg* wie die meisten Volksliedstrophen gereimt. Der *umarmende Reim* hat das Schema abba:

Einsamer nie als im August
Erfüllungsstunde im Gelände
Die roten und die goldenen Brände,
doch wo ist deiner Gärten Lust?
   Benn

Weitere Formen: *Schweifreim* (aabccb), *verschränkter Reim* (ab cabc), *Kettenreim* oder *Terzinenreim* (ababcbcdcded...)

Im *rührenden* (d. h. berührenden) *Reim* reimt auch der anlautende Konsonant vor dem betonten Vokal, z. B. *Boten – verboten, Bund – Vagabund.* Wie der *identische* Reim, bei dem das Reimwort wiederholt wird, ist er eine Abweichung vom Prototyp des reinen Reims. Identische Reime finden sich häufig in *Zaubersprüchen*[6] und in der arabischen Poesie. Im Prolog zu *Tristan* (um 1210) setzt Gottfried von Straßburg den identischen Reim ein:

Gedachte man ir ze guote niht,
von den der werlde guot geschiht,
so waerez alles alse niht,
zwaz guotes in der werlde geschiht.

Beim *Schüttelreim* reimen je zwei Wörter. Der anlautende Konsonant der Reimgruppen wird vertauscht, ›geschüttelt‹:

O wê! daz diu liebe mir niht dikke
heilet mîner wunden vunt!
ich bin vunden wunt von ir...
   Konrad von Würzburg
   dikke: dicht, oft

In Reimes Hut
Geheimes ruht
Benno Papentrigk's Schüttelreime

Die Unterscheidung *weiblicher Reim (gibel – rigel, erparmen – arme:* x́x) und *männlicher Reim (alt – kalt, pin – hin*: x́) wurde im Barock aus dem Französischen übernommen. Im Französischen endet die weibliche Form des Adjektives mit einer unbetonten Silbe (z. B. *grande*), die männliche mit einer betonten (*grand*). Daher *rime masculine, rime féminine.*

Stabreim und Endreim

Der Vers der Antike war nach *quantitierenden* metrischen Einheiten (Länge und Kürze der Silben) geregelt, in der Spätantike kam die *akzentuierende* Regelung (Akzentuierung durch druckstarke und druckschwache Silben) hinzu (vgl. S. 17). Der germanische Vers war ein akzentuierender Vers, seine Form war der *Stabreim*. (Das germanische Runenzeichen wurde Stab genannt; die Bedeutung von Stab erweiterte sich dann zu Buchstabe.) Der Stabreim ist eine Form der *Alliteration*, der Verwendung von zwei oder mehr Wörtern mit gleichem Anlaut. Er ist im *dynamischen Wortakzent* der germanischen Sprachen angelegt.[7]

Der germanische Stabreimvers verbindet zwei Einzelverse als *Anvers* und *Abvers* zu einer Langzeile. Der Einzelvers bildet eine rhythmische Gestalt mit meist zwei Haupthebungen. Haben zwei oder drei Hebungen einen gleichen konsonantischen Anlaut, bilden sie einen Stabreim, sie ›staben‹. Wörter mit ungleichen konsonantischen Anlauten oder mit unterschiedlichen Vokalen können ebenfalls ›staben‹. Der *Stab* des Abverses ist auf die erste Hebung festgelegt. Die Zahl der Senkungen ist frei. Die erste Zeile des *Wessobrunner Gebets* (Anfang des 9. Jahrhunderts) lautet:

Dat gafrégin ih mit fírahim fírinnizzo meísta
Das habe ich bei den Menschen als größtes Wunder erfahren

Ein Beispiel aus dem *Hildebrandslied* (930/940 niedergeschrieben):

41

Stabreimformen liegen auch Wendungen zugrunde wie *Schimpf und Schande, Haus und Hof, Kind und Kegel* (Kegel: uneheliches Kind). Der Stabreim verbindet Gleiches und Ungleiches. Den stabenden gleichen Konsonanten folgen ungleiche Vokale (z.B. S*chimpf und Schande, tick-tack, King Kong*), die den Wortakzent tragen. Diese Struktur der Verbindung des Gleichen und Ungleichen findet sich beim Endreim wieder. Beim Stabreim wird der Anfangskonsonant wiederholt, der folgende Vokal variiert. Beim Endreim wird eine Lautgruppe vom letzten betonten Vokal an wiederholt, der vorausgehende Konsonant variiert. Wie der Endreim ist der Stabreim ein Mittel einer mündlichen Gedächtniskultur. Stabreim und Endreim fungieren als Gedächtnisstützen. Wahrscheinlich wurden die Stabreimverse in einer einfachen Langzeilenmelodie vorgetragen.

Im 9. Jahrhundert vollzieht sich die Wende vom Stabreim zum Endreim. Der Endreim löste den Stabreim allerdings nicht abrupt ab, beide kamen in den westgermanischen Literaturen noch häufig zusammen vor. Als Begründer der volkssprachlichen europäischen Endreimdichtung gilt Otfried von Weißenburg. Otfried war nicht der erste europäische Dichter, der den Endreim verwendete, aber der erste, der ihn programmatisch verwendete.[8]

Otfried von Weißenburg verfaßte um 860/70 ein Evangelienbuch, den *Liber evangeliorum,* so genannt nach der ersten Zeile:

Incipit liber evangeliorum domini gratia theotisce conscriptus.
Es beginnt das Evangelienbuch, mit der Gnade Gottes in der Volkssprache geschrieben.

Der *Liber Evangeliorum* ist ein biblisches Epos nach dem Vorbild des antiken Heldenepos und stellt eine dichterische Bearbeitung des Lebens Jesu aus den vier Evangelien dar. Otfried übernimmt die Form der Langzeile mit Anvers und Abvers. Anvers und Abvers werden jedoch nun gereimt. Beide Vershälften sind gleichförmig gebaut, sie enthalten vier Hebungen. Die freien Füllungen haben eine Tendenz zum alternierenden Rhythmus. Jeweils zwei Verse bilden ein Strophe. Den Versen ist ablesbar, wie Otfried sich bemüht, auf einen ähnlichen Endklang der beiden Verse zu zielen. Dabei muß der ähnliche Klang nicht den Vokal der letzten betonten Silbe umfassen. Er reimt z. B. auch *thanne* und *helle*. Alternierender Rhythmus, Endreim und strophische Gliederung werden die Grundformen lyrischer Texte in der Zukunft bilden:

> *Nu es fílu manno inthíhit, in sína zungun scríbit,*
> *joh ílit, er gigáhe, thaz sínaz io gihóhe:*
> *Wánana sculun Fránkon éinon thaz biwánkon,*
> *ni sie in frénkisgon bigínnen, si gotes lób síngen?*
> Da es nun viele Menschen unternehmen, in ihrer Sprache zu schreiben,
> und viele sich eifrig bemühen, das, was ihnen teuer ist, zu preisen –
> warum sollen die Franken als einzige zurückschrecken
> vor dem Versuch, in fränkischer Sprache Gottes Lob zu verkünden?

In einem Widmungsbrief an den Erzbischof Liutbert von Mainz formuliert der poeta doctus Otfried sein poetisches Programm im Hinblick auf die Grenzen und Möglichkeiten seiner Muttersprache. Walter Haug nennt dieses Widmungsschreiben die »erste Literaturtheorie zu einer deutschsprachigen Dichtung.«[9] In diesem Brief schreibt Otfried, daß seine Dichtung sich nicht an antiken metrischen Regeln orientiere, sondern »durchgehend nach der Figur des homoioteleutons« verlange. Die Wörter fordern einen »Endklang«, der mit dem vorausgehenden »korrespondiert und ähnlich ist«. Mit dem Begriff des *Homoioteleutons* verwendet Otfried einen Begriff der antiken Rhetorik. Er bezeichnet kalkulierten Gleichklang von Wortenden in der Prosa. (Vgl. z. B. Augustin: *Unitatem teneat divinitas, mediatatem suscipiat humanitas*. Die Gottheit möge die Einheit halten, die Menschheit / die Menschlichkeit die Mitte. Neues Beispiel: Rilke, *Die Weise von Liebe und Tod des Kornets Christoph Rilke*: »Schreit, schreit, / zerreißt ihm den Traum. / Das ist keine Eule. Barmherzigkeit: der einzige Baum / schreit ihn an: Mann!«) Der antike Begriff des Homoioteleutons bezieht sich zwar auf Lautübereinstimmungen am Ende von Wörtern, hat aber keine versstrukturierende Funktion wie der Reim.[10]

Bis heute wird kontrovers diskutiert, nach welchen Vorbildern Otfried seine Poetik des Endreims entwickelte.[11] Erwogen werden neben dem Homoioteleuton der antiken Kunstprosa der sogenannte

leoninische Vers, das heißt der lateinische Hexameter mit Binnenreim, die nordische Skaldenpoesie (altnord.: skàld: Dichter), die
spätlateinische kirchliche Hymnik, die Dichtung der irischen Mön-
che. Vor allem die Hymnenstrophe des Ambrosius († 397), die in
Otfrieds Zeiten ebenfalls in zwei Langversen wiedergegeben wurde
und eine Entwicklung zum Reim zeigt, wird als wahrscheinliches
Vorbild diskutiert. Offenbar lag der Endreim in Otfrieds Zeit ›in der
Luft‹ (Patzlaff).

In anderen Literaturen gab es den Endreim freilich schon früher:
in der chinesischen und altindischen Poesie, in der altjüdischen Syn-
agogenpoesie und vor allem in der arabischen Poesie. Die Reim-
kunst der arabischen Poesie war ein Vorbild für die höfische Lyrik
des europäischen hohen Mittelalters. Charakteristisch für die arabi-
sche Poesie sind gleiche, kaum variierte Reime, die sich über 100
Verse hinziehen können. Dieser *Reihenreim* ist in den Liedern des
ersten Trobadors, Wilhelm IX. von Aquitanien (um 1200), nach-
weisbar:

> *Companho, farai un vers qu'er covinen,*
> *et aura i mais de foudatz no i de sen,*
> *et er totz mesclatz d'amor e de joi e de joven.*

> *E tenhatz lo per vilan, qui no l'enten,*
> *qu'ins en son cor voluntiers res non l'apren:*
> *greu partir si fai d'amor qui la trob'a son talen*

Gefährten, ich werde ein Lied machen, das passend sein wird,
und es wird darin mehr Albernheit geben, als es darin Vernünftiges gibt,
und es wird ganz aus Liebe und Freude und Jugend zusammengemischt

sein.

Und ihr mögt den für bäurisch halten, der es nicht versteht,
der es keineswegs gerne drinnen in seinem Herzen lernt:
schwer tut der sich von der Liebe trennen, der sie nach seinem Sinn fin-

det.[12]

Die Kunst des Endreims ist wohl an verschiedenen Orten entstan-
den. Einen einheitlichen Ursprung muß man nicht annehmen, da
eine Tendenz zum Reim, das heißt zum Spiel mit *Assonanzen* in al-

len Sprachen angelegt ist. Jede Sprache muß mit einem begrenzten Inventar von Lauten sehr viele unterschiedliche Wörter bilden. Die Anzahl der Laute einzelner Sprachen variiert ungefähr zwischen 20 und 40! Daher bilden sich unvermeidlich Assonanzen (*gehen – stehen, Finsternis – Ärgernis, Seligkeit – Festigkeit, village – visage, mountain – fountain, amare – cantare, doel – boel, tradutore – traditore*. Ich verstehe hier Assonanz in einem weiteren Sinn von Lautähnlichkeit. In Handbüchern wird Assonanz auch eingegrenzt auf die Ähnlichkeit des Vokals von zwei Wörtern.).

Wenn wir reden oder schreiben, verwenden wir immer Wörter mit Assonanzen (z. B. hier: *reden – schreiben – verwenden – immer – Wörter*). Wir werden auch beim Denken und beim Verknüpfen von Wörtern von Assonanzen geleitet.[13] Mit Hilfe von Assonanzen suchen wir uns z. B. vergessener Wörter zu erinnern.

Aus den Assonanzen wird erst ein Reim, wenn sie als Teil eines Verssystems *kalkuliert* verwendet werden. Kalkuliert heißt: an bestimmten Stellen eines nach einem Formprinzip organisierten Textes werden nur reimende Wörter verwendet. Insofern gehört zur Lust am Reim auch das Spiel mit der knappen Ressource der Laute. Die Praxis des Reims kann man ja auch als Ausdruck eines Zwangs, eines Mangels an phonetischen Möglichkeiten verstehen. Mit diesem Zwang der phonetischen Ressourcen geht der Reim frei und kalkuliert um. Er macht aus einer Not eine Tugend, indem er diesen Zwang als poetisches Verfahren einsetzt. Ist die Reimregel einmal eingeführt, wird das, was an Wörtern folgt, von der Erwartung diktiert, daß und wie der Zwang des Reims eingelöst wird. Als gelungen gelten Reime, wenn dieser Zwang zwanglos eingelöst, wenn der Mangel in ein lustvolles Spiel mit Lauten und Bedeutungen verwandelt wird.

Neben dem Wiederfinden des Bekannten, das nach Freuds *Der Witz und seine Beziehung zum Unbewußten* (1905) eine der wichtigsten Lustquellen ist, liegt wohl in dieser Möglichkeit, aus Mangel Reichtum und aus Zwang Zwanglosigkeit zu machen, die zweite Quelle der Lust am Reim. Gäbe es nicht diese elementare Lust am freien, schöpferischen Spiel mit der knappen Ressource der Laute, gäbe es auch keine Poesie (mehr). Warum freuten sich alle Umstehenden, als die Verkäuferin rief: *Die Maus ist aus!*? (Sie meinte eine Computer-Maus.) Ein poetischer Satz: Er enthält einen Binnenreim, eine regelmäßige vokalische Folge (*i – au – i – au*), und er ist regelmäßig rhythmisiert.

Ein zweiter Grund für die Ausbildung des Reims dürfte die mnemotechnische Funktion des Reims sein. Alliterationen, Reime, alle Formen von Assonanz und der Rhythmus sind elementare Formen mündlicher Überlieferung, weil sie als Erinnerungshilfen fungieren. Ein einfaches Beispiel sind Sprichwörter: *Eigener Herd ist Goldes Wert; Trau, schau wem; an apple a day keeps the doctor away; qui vivra, verra.* Die Reimformen bilden relativ feste, erinnerbare Ordnungen. Gereimte Texte sind leichter memorierbar als ungereimte. Ausdrücklich hat Otfried seine Poetik des Endreims auch damit begründet, daß seine deutschen Verse nicht nur die Herzen stärker berühren, sondern auch im Gedächtnis (»memoria«) haften bleiben werden.[14] Die Lyrik der oralen Kinderkultur ist deswegen eine Lyrik mit festen Reimen und rhythmischen Strukturen. Der Reim ist nicht nur ein Mittel, einen Text zu memorieren, sondern auch ein Mittel, ihn zu konservieren. Er verhindert versehentliche oder absichtliche Textänderungen.

Weil Reim, Assonanz, Alliteration und Rhythmus mit diesem Index mündlicher Rede versehen sind, teilen sie auch der geschriebenen (und gelesenen) Literatur ein Moment von Mündlichkeit, von ›sekundärer Oralität‹ mit. Mündlichkeit und Schriftlichkeit mit ihren je unterschiedlichen kommunikativen und hermeneutischen Voraussetzungen können sich so assimilieren und anreichern. Die Abwendung vom Reim in der Moderne ging einher mit dem Aufstieg des stummen Lesens als Rezeptionsmodell und Rezeptionspraxis.

Reimfunktionen, Reimeffekte

Als Prototyp des Reims gilt in der Neuzeit der *reine Reim*. In einschlägigen literaturwissenschaftlichen Lexika und Einführungen wird er definiert als die lautliche Übereinstimmung zweier Wörter vom letzten betonten Vokal an. Diese Definition unterschlägt jedoch wesentliche Struktureigenschaften des Reims. Die Struktur des Reims ist komplizierter. Wiederholung eines Lautes allein macht noch keinen Reim. Eine differenziertere Analyse der Reimfunktionen und Reimeffekte hat Jurij Lotman entwickelt.[15] Sie geht in ihrem strukturellen Ansatz zurück auf den russischen Formalismus.[16] Lotman diskutiert den Reim als eine Form des für jeden künstlerischen Text konstitutiven Prinzips der Wiederholung und des variierenden Spiels von phonetischen und semantischen *Äquivalenzen* und *Nichtäquivalenzen*. Aufgrund seiner phonetischen, rhythmischen und semantischen Beziehungen und seiner Position am Versende lassen sich eine *phonetische, rhythmische, semantische, deiktische,* d. h. *hinweisende,* und eine das Gedicht allgemein *strukturierende* und *rhythmisierende* Funktion des Reims unterscheiden.

Zunächst fungiert der Reim im Text, neben Rhythmus und Druckgestalt, als ein Poesiesignal. Die regelmäßige Wiederholung eines Lautes wird verstanden als eine bewußte Geformtheit des Textes, als Ausdruck eines bewußten Formanspruchs, der auf Dauer, auf ein sprachliches ›Monument‹ (vgl. S. 16) zielt. Der Anspruch der Form suggeriert eine Bedeutsamkeit und Stimmigkeit des Inhalts.[17]

Der Reim gliedert den Text in Einheiten, in Verse, Versgruppen und ganze Strophen. Sie können mit syntaktischen oder semantischen Einheiten, wie hier im Volkslied, übereinstimmen, können aber auch, wie z. B. im *Enjambement* (vgl. S. 25–34), kontrapunktisch eingesetzt werden. So stellt der Reim eine hörbare Interpunktion des ganzen Textes dar, die Reimkonstellation bildet eine eigene rhythmische Gestalt in der Wiederholung von Lauten an den Endstellen und reichert dadurch die rhythmische Gestalt des ganzen Gedichts an. Durch ihre Vor- und Rückverweise halten die Reime die Sukzession der Wörter auf. Die Sukzession hält gewissermaßen inne.

Im Reim wird die Sukzession der Wörter durch eine Ordnung der Wiederholung überlagert. Er *ritualisiert* dadurch, wie der Rhythmus (vgl. S. 16), die Sprache des Gedichtes. Rituale sind ästhetisch demonstrative, geregelte Wiederholungshandlungen. Die ästhetisch demonstrative und geregelte Wiederholung hebt die Sprache des Gedichts aus dem ›Rauschen‹ der Alltagssprache heraus.[18]

Nehmen wir als Beispiel die erste Strophe von *Verschneiter Weg* :

Es ist ein schne gefallen
Und ist es doch nit zeit,
Man wirft mich mit den pallen,
Der Weg ist mir verschneit.

In einem Kreuzreim und mit alternierend männlichen und weiblichen Reimen reimen sich *gefallen – pallen* und *zeit – verschneit*. Intuitiv reimen wir jedoch nicht *allen – allen* und *eit – eit*, sondern *fallen – pallen* und *zeit – schneit*. Zur *lautlichen Konsonanz* gehört notwendig eine *lautliche Dissonanz,* die lautliche Inkongruenz des anlautenden Konsonanten. Durch die Betonung wird die lautliche Dissonanz sogar hervorgehoben. Der anlautende Konsonant fungiert als Differenzierungsphonem.[19] Intuitiv nehmen wir die Lautreihe *gehen – gehen – gehen – gehen* nicht als Reimsystem, sondern als einfache Wiederholung eines Wortes wahr. (In der arabischen Poesie gilt diese Wortfolge allerdings als eine normale Reimfolge.) Als Reimsystem wird dagegen wohl schon die Reihe *gehen – sehen – flehen – Lehen* wahrgenommen, völlig als Reimsystem dann die Reihe *gehen – Land – sehen – Band*, oder wie im Volkslied: *gefallen – zeit – pallen – verschneit*.

Der primäre Effekt des Reims ist das lautlich und semantisch Unähnliche im sprachlich Ähnlichen. Zuerst ist der Reim eine lautliche Dissonanz. Johann Heinrich Hadewigs Beschreibung des Reims in seiner *Wolgegründete(n) teutsche(n) Versekunst* von 1660 (Kap. 7, §5) stellt diese Momente von Dissonanz und Konsonanz heraus: Der betonte Vokal erhält eine zusätzliche Markierung durch den Wechsel der Konsonanten vor ihm (»also daß vor demselben die mitlautenden ... verändert werden«) und die Gleichheit der Laute nach ihm (»nach demselben ... aber die Buchstaben ungeändert gelassen werden.«) Das Lautschema des Reims wäre dann: variierender anlautender Konsonant – gleichlautender Mittelvokal – gleichlautend auslautende Silbe wie z.B. bei *(ge)fallen – pallen* oder variierender anlautender Konsonant – gleichlautender Endvokal wie bei *See – Weh* oder variierender anlautender Konsonant – gleichlautende Vokalgruppe mit auslautendem Konsonanten wie z.B. bei *zeit – verschneit*.

Konstitutiv für den Reim ist also sowohl die lautliche Konsonanz als auch die lautliche Dissonanz. Diese Dissonanz wird gegenüber der Konsonanz, die Konsonanz gegenüber der Dissonanz pointiert. Insofern geht jeder Reim von einer betonten Dissonanz zu einer Konsonanz über. Er löst eine Dissonanz in eine Konsonanz auf. »Warum Proportion plus Verformung, gesuchter Anklang plus gesuchter Mißklang, akustische Übereinkunft plus inhaltliche Dissonanz dem Endreim innewohnen,« schreibt Peter Rühmkorf, »ist eine Rätselfrage, die eigentlich eines buchdicken Kommentars bedürfte.«[20]

Gegenüber dem Prototyp des reinen Endreims stellt der *rührende* (*Seligkeit – Barmherzigkeit*) oder *identische* (*Weise – weise*) *Reim* einen Grenzfall dar, weil er dieses Element lautlicher Dissonanz nicht enthält. Da die lautliche Dissonanz nicht realisiert wird und der Vokal einmal betont, einmal unbetont ist, ein männlicher auf einen weiblichen Reim reimt, nehmen wir wohl auch Fälle wie *er – Vater* als Grenzfälle wahr.

Die Verbindung von lautlicher Konsonanz und Dissonanz umfaßt nun nicht nur die beiden Reimwörter, sondern den ganzen phonetischen Kontext. Der Reim wiederholt einen Laut in einem veränderten lautlichen Kontext und im Durchgang durch andere Laute. Reimende Wörter nehmen wir wahr vor dem Hintergrund nichtreimender Wörter. Das Reimwort steht in einer doppelten Beziehung zum lautähnlichen Wort und zu den lautunähnlichen Wörtern.

Der Reim hat eine *syntagmatische* und *paradigmatische* Position im Text. Durch seine Position am Ende eines Verses steht der Reim in einer syntagmatischen Beziehungen zu den vorhergehenden und folgenden Verswörtern, z. B. *es ist ein schnee gefallen / und ist es doch nit zeit.* Durch seine lautliche Äquivalenz mit einem anderen, im Text früher oder später plazierten Wort steht er in einer paradigmatischen Beziehung. An die Stelle des Wortes, das auf *(ge)fallen* reimen soll, können alle Wörter mit der Lautendung Konsonant + *allen* treten, wie z. B. *pallen.* In der syntagmatischen Beziehung schließt der Reim einen Vers ab, in der paradigmatischen Beziehung verbindet er ihn mit einem früheren oder späteren Vers und eröffnet so die Zeitdimension der Erwartung und Erinnerung.[21]

Lautkonsonanzen profilieren sich vor dem Hintergrund und im Durchgang von Lautdissonanzen. Diese bilden aber nicht einfach eine Folie für den Reim, sondern bilden ihrerseits *Intervalle* im Gedicht. Durch den Reim entsteht im Gedicht eine Wiederholung lautähnlicher und lautunähnlicher Wörter bzw. Wortgruppen. Rhythmisch alternieren reimende und nichtreimende Lautgruppen. Genauso wichtig wie die Wiederholung ist die Distanz, das Intervall zwischen den Reimen. Wiederholung setzt diese Distanz voraus. Das Reimwort *pallen* ist von *(ge)fallen* durch *und ist es doch nit zeit*

/ *man wirft mich mit den* getrennt. Dieses Intervall betont noch durch die Assonanz der i-Laute gegenüber dem a-Laut des Reims den Kontrast zwischen den reimenden und nichtreimenden Lautgruppen. Die Distanz darf freilich nicht zu groß sein, damit die Reimdistanz noch wahrnehmbar bleibt. (Im Druck kann die Distanz natürlich größer sein als im mündlichen Vortrag.) Ein kühnes Beispiel für eine ausgeweitete Distanz enthält Gottfried von Neifens Gedicht: *Wer gesach ie wunneclîcher mê den süezen meien?* (um 1250). In diesem Gedicht reimen die Reimwörter der ersten mit der dritten und die Reimwörter der zweiten mit der vierten Strophe.

Lautliche Dissonanz und Konsonanz, rhythmische Kongruenz! Die reimenden Wörter sind im Volkslied rhythmisch äquivalent: *(ge)fallen – pallen, zeit – schneit.* Sie sind Teil eines einheitlichen rhythmischen, in diesem Falle regelmäßig jambischen Schemas. Wegen der Endstellung des Reimworts und der damit verbundenen Sprech- oder Lesepause erhält das Reimwort eine herausgehobene rhythmische Position. Der Endreim bildet die Schnittstelle zwischen einer rhythmischen und lautlichen Gliederung. Durch diese lautlich-rhythmische Hervorhebung am Ende des Verses erzeugt der Endreim auch einen *deiktischen* Effekt. Er zieht die Aufmerksamkeit auf die reimenden Wörter.

Der Endreim stellt also eine komplexe Einheit von Äquivalenzen und Nichtäquivalenzen, Trennungen und Verbindungen dar. August Wilhelm Schlegel hat daher von der »paarende(n) und trennende(n) Kraft« des Reimes gesprochen.[22]

Diese paarend-trennende Einheit wird noch komplexer, bezieht man die Bedeutung der Wörter mit ein, die ich bislang aussparte. Der Reim verbindet nicht nur *lautliche Dissonanzen* und *Konsonanzen*, sondern auch *semantische Differenzen*. Die Bedeutung der reimenden Wörter *(ge)fallen – pallen, zeit – verschneit* ist völlig verschieden. Von der Bedeutung her ist ihre Beziehung zufällig. Auch hier pointiert die lautliche Konsonanz eine semantische Differenz oder besser Kollision, umgekehrt die semantische Kollision die lautliche Konsonanz. Auch hier wieder das Spiel von Gleich- und Gegenüberstellungen! Da wir aber in unserem Sprachbewußtsein Laute nicht von Bedeutung lösen (können), erzeugt die lautliche Konsonanz zugleich eine semantische. Genauer: der Reim suggeriert, die unterschiedlichen Bedeutungen der Reimwörter aufeinander zu beziehen. Er suggeriert eine Gleichheit oder Ähnlichkeit des semantisch Unterschiedenen. Unweigerlich, schreibt Roman Jakobson, zieht lautliche Äquivalenz eine semantische Äquivalenz nach sich,[23] ohne, wie man ergänzen muß, das semantisch Unterschiedene zu tilgen. So beziehen sich die Reimwörter *zeit* und *verschneit*, *gefallen* und *pallen* wechselseitig aufeinander. Das ›Verschneien‹ wird ein Bild für die Erfahrung von Zeit, die Bedeutung von *pallen* nimmt die Erfahrung des Fallens auf. Die Intonationskurve des Reimworts *fallen* ist selbst fallend. So wird der Rhythmus ein ikonisches Zeichen des Fallens. Der Reim ist für Jakobson ein Beispiel für das allgemeine Prinzip der Poesie: die Überlagerung der Sequenz der Wörter durch ihre Äquivalenz.

Im Widerspiel und Zusammenspiel von Laut, Sinn und Rhythmus ergibt sich im Reim eine simultane *Semantisierung* und *Desemantisierung* der Wörter. Semantisierung in der Aufladung der Bedeutung, Desemantisierung in der Trennung von Laut und Bedeutung. Einen vergleichbaren Effekt der simultanen Semantisierung und Desemantisierung erzeugt auch der Rhythmus (vgl. S. 23 f.).

Spiel mit der Magie

Eine Analyse der Funktionen des Reims steht also vor der schwierigen Aufgabe, das komplexe Zusammen- und Widerspiel von lautlicher Dissonanz und Konsonanz, rhythmischer Kongruenz, semantischer Differenz und suggerierter semantischer Kongruenz zu beschreiben. Schließlich handelt es sich beim Reim nicht nur um die Beziehung zweier Wörter, sondern um eine strukturierende Position in der lautlichen, semantischen und rhythmischen Gestalt des ganzen Gedichtes.

Wegen seiner Verwandlung zufälliger Bedeutungen in einen suggerierten Bedeutungszusammenhang konnte man auch von der »magischen Kraft« des Reims sprechen. Nicht selten freilich war diese Rede von der Magie des Reims fauler Zauber. Doch läßt sich eine sachliche Berechtigung dieser Rede finden, insofern die magische Praktik des Zauberns und Beschwörens darin besteht, zwischen zufälligen Dingen oder Bedeutungen eine »essentielle Beziehung«[24] herzustellen. So kann ein Ereignis ein anderes, ein Wort ein anderes hervorzuzaubern. Daß Wörter Macht ausüben, ist nicht nur eine Erfahrung und Überzeugung archaischer Kulturen.

Die Verwendung des Reims in einem Gedicht ist indessen keine Handlung einer magischen Praktik und kein Ausdruck eines magischen Bewußtseins. Sie ist ein ästhetisches und intellektuelles *Spiel* mit einer magischen Praktik. Der Reim ist ein gutes Beispiel für die Eigenschaft der Kunst, die Welt des Archaischen (Magie, Mythos, Ritual) im ästhetischen und experimentellen Medium so darzustellen, als gelte sie noch.[25] Auch dies gehört wohl zur Lust am Reim: das Spiel zwischen Experiment und Magie. »Der Reim muß magischen Charakter haben«, schreibt Paul Valéry, »oder er soll überhaupt nicht sein. Es ist der durch Selektion gewonnene, ohne Beimischung von Irrtümern kultivierte Reinzustand einer Eigenschaft der Sprache, die einstmals dem Aberglauben gewidmet war.«[26]

Das Wie des Was: Stil

> tantum series iuncturaque pollet
> *So viel vermag das Reihen und Fügen von Wörtern!*
> Horaz

Schreibart oder Stil *nennen wir in schriftlichen* Aufsätzen *jeder Art die wörtliche Einkleidung der Gedanken und des ganzen Inhalts, und die Verbindungsart der Nebenvorstellungen mit dem Hauptgedanken der Redesätze, insofern dieselbe durch den eigenthümlichen Charakter des Schriftstellers, durch die Beschaffenheit des von ihm gewählten Stoffes, durch den Gesichtspunct, aus welchem er diesen betrachtet, und durch die Absicht, in welcher er schreibt, verschiedentlich bestimmt wird. Wenn man also gleich die Schreibart von dem Inhalte zu unterscheiden pflegt, und sie sich auch von dem selben abgesondert betrachten und beurtheilen läßt: so hängt doch ihr wesentlicher Charakter am meisten von dem Stoffe ab, und von der Art, wie der Schriftsteller ihn in jedem besonderen Fall ansieht und behandelt.*[1]

In der Antike schon wurde *stilus*: Griffel (aus Rohr oder Eisen) metonymisch für die Art des Schreibens, dann auch des Redens, den *stilus dicendi* gebraucht. Der stilus hatte ein spitzes und ein stumpfes Ende. Mit dem spitzen Ende wurden die Wörter in die Wachstafel geritzt, mit dem stumpfen konnte man Mißlungenes wieder tilgen. Die metonymische Verwendung von stilus enthält als Bedeutung daher auch die Veränderung, die Möglichkeit einer anderen Formulierung. Die antike Rhetorik unterschied schon verschiedene Redestile. Im Mittelalter konnte stilus auch die Sitte, die Gewohnheit bedeuten, später in der französischen Rechtssprache das juristisch geregelte Verfahren eines Prozesses.

Von der Rhetorik wurde der Begriff in der frühen Neuzeit auf die Musik, die Malerei, die Architektur und die Skulptur übertragen, auf das Verhalten eines Menschen überhaupt. Eine Handlung kann demnach Stil oder keinen haben. Man kann sich zu einem alternativen Freak oder zu einem coolen Manager *stilisieren*.

Im System der Rhetorik gehört der Begriff des Stils zur Lehre der *elocutio*, der Lehre von der Ausformulierung.[2] Nach der *inventio*, dem Finden / Erfinden des Themas, kommt die *dispositio*, die Anordnung der einzelnen thematischen Teile, dann die *elocutio*, die sprachliche Ausführung. Die *elocutio* galt als eine erlernbare Kunst, eine *ars*. Bis ins 18. Jahrhundert hielt die Lehre von der *elocutio* an einem triadischen Modell fest: der Einteilung der Menschen nach ihrem Status (*status hominum:* einfach, mittel, hoch) entsprach die Einteilung des Stils (die *genera dicendi*: einfacher, mittlerer, erhabener Stil) und die Einteilung der Gattungen (die *genera carminum*: Komödie, bukolische Dichtung [Hirtendichtung]; der Bereich des mittleren Stils umfaßte alles zwischen dem einfachen und dem erhabenen Stil, z. B. Briefe; schließlich die Tragödie und das Epos). Gattung, Stillage und Status des Themas und der behandelten Personen mußten einander angemessen (gr.: *prépon*, lat.: *aptum*) sein. Die Angemessenheit (lat.: *decorum*, übersetzt auch mit ›das Gebührliche, Geziemende, Gemäße, Schickliche‹) ist eine der geforderten Qualitäten der Sprache. Die anderen Forderungen sind die Reinheit (*puritas*), die Klarheit (*perspicuitas*) und der Schmuck (*ornatus*). Der ornatus umfaßt die Lehre von den *Tropen* (z. B. Metapher, Metonymie, Synekdoche) und *Figuren* (Wiederholungen, Umstellungen, Parallelismus, Oxymoron z. B.). Im 17. Jahrhundert wurde *ornatus* mit ›Zierlichkeit‹ übersetzt. Zierlich bedeutete leuchtend, prächtig, vornehm, geschickt, elegant, gut geordnet, fein, kunstvoll, eindringlich, gefällig. Im Französischen hieß der Ausdruck für die Angemessenheit *la bienséance*, im Englischen *the propriety* oder *fittingness*.

Die hierarchische Ordnung des rhetorischen Modells löste sich im 18. und 19. Jahrhundert auf. Die Norm des Angemessenen wurde damit aber nicht obsolet. Zur Sprachkompetenz rechnen wir auch, daß ein Sprachteilnehmer weiß, welcher Stil welcher Situation und welchem Zweck angemessen ist. Eine Party fordert einen anderen Gesprächsstil als eine Diskussion. In der Cafeteria kann ich sagen, »der Goethe ist klasse!«, in der schriftlichen Hausarbeit würde eine solche Formulierung auffallen. In der Situation der Cafeteria und in der Situation eines wissenschaftlichen Seminars oder im Deutschunterricht gelten verschiedene Sprachstile. In einer Diskussion, in einer Konversation, im mündlichen oder schriftlichen Medium formulieren wir je anders. Als stillos gilt, was die mit diesen Situationen oder Gattungen verbundenen Stilerwartungen nicht erfüllt.

In den deutschen Rhetoriken und Poetiken des 17. Jahrhunderts wurde der Begriff des Stils noch nicht häufig gebraucht.[3] Wurde er gebraucht, dann noch als Fremdwort, als ›Stylus‹. Der entsprechende deutsche Begriff war ›Redensart‹ oder ›Schreibart‹. Einer der ersten, der den neuen Begriff des Stils fast durchgängig verwendete, war Christian Weise (z. B. in: *Curiöse Gedancken von deutschen Brieffen*, 1691). Das Eingangszitat aus Eschenburgs *Entwurf einer Theorie und Litteratur der schönen Redekünste* von 1836 hält noch den begriffsgeschichtlichen Übergang von Schreibart zu Stil fest. Diese Begriffsgeschichte hängt mit der Verengung der Rhetorik auf die Lehre der elocutio im 18. und 19. Jahrhundert zusammen. Die Stilistik nimmt in dieser Zeit den Platz der auf die elocutio verengten Rhetorik ein. In Frankreich ersetzte der Begriff des style schon früher den Begriff der elocutio. Der Begriff des Stils verdrängte im 19. Jahrhundert auch den konkurrierenden Begriff des *Tons*, der vom 18. bis weit ins 19. Jahrhundert dazu diente, die epischen, lyrischen und dramatischen »Dichtarten« zu charakterisieren. Der Begriff des Stils verdrängte auch den der *maniera*, der *Manier*. Dieser Begriff akzentuierte meist das Merkmal des Individuellen (vgl. z. B. Goethes Abhandlung *Einfache Nachahmung der Natur, Manier, Stil*, 1788; E. T. A. Hoffmanns *Phantasiestücke in Callots Manier, 1814)*, oft verbunden mit dem pejorativen Merkmal des Manierierten. Im §10 des *Entwurfs einer Theorie und Litteratur der schönen Redekünste* wird Manier als eine »vorherrschende Besonderheit des Künstlers« charakterisiert, »unter welcher die Angemessenheit der Form für das besondere Kunstwerk leidet.«

Folgenreich übertrug Winckelmann in seiner *Geschichte der Kunst des Altertums* von 1764 den Stilbegriff auf die Betrachtung und Geschichte der Kunst. Stil konnte von nun an nicht einfach mehr als ›Schreibart‹ verstanden werden. Neben den Begriff des Stils als Schreibart trat nun der ästhetische Begriff des Stils als eigentümlicher Ausdruck einer Epoche und einer Nation. Schon Christian Weise hatte den Stil mehr als Eigenart des Schreibenden, weniger als Erfüllung einer Norm verstanden. Dieser ästhetisch ausgeweitete Begriff wurde sofort übernommen. Daß der Stil Ausdruck eines Eigentümlichen sei, wurde dann von Karl Philipp Moritz (*Vorlesungen über den Styl oder praktische Anweisung zu einer guten Schreibart*, 1793) und Friedrich Schleiermacher (*Hermeneutik*, Vorlesungen nach 1819) gelehrt.[4] Die Legitimationsformel für diese Individualisierung des Stilbegriffs lieferte Buffons berühmtes Diktum aus seinem *Discours sur le style* von 1753: »Ces choses sont hors de l'homme [diese Dinge, wie z. B. Kenntnisse, Fakten, wissenschaftliche Entdeckungen haben mit dem einzelnen Menschen nichts zu tun], le style est l'homme même.« Die Formel: »Le style est l'homme même« übersetzte Hamann mit »der Styl ist der Mensch selbst ganz und gar«. Bei Buffon freilich bedeutet »style« nicht einfach den eigentümlichen Ausdruck des Menschen, sondern vielmehr eine spezifische Darstellungsleistung, zu der Geschmack, Noblesse und Genialität gehören. Diese ist Sache des einzelnen Menschen. Das Mißverständnis von Buffons Satz, der Stil sei der individuelle Ausdruck eines Menschen, entspricht im übrigen schon einem antiken Topos.[5]

Die Folgegeschichte dieser Bindung des Stils an das Eigentümliche, sei es einer Epoche, sei es eines Kunstwerks, sei es eines Menschens, ist der Aufstieg des Stilbegriffs zu einem ästhetischen Schlüsselbegriff in der Kunstgeschichte, in der Geschichte und in der Literaturwissenschaft. Stil wurde auf Weltanschauung bezogen, Stil wurde mit dem Werk selbst gleich gesetzt. Stilinterpretation konnte z. B. bei Emil Staiger soviel wie werkimmanente Interpretation bedeuten: »Wir nennen Stil das«, schreibt Emil Staiger, »worin ein vollkommenes Kunstwerk – oder das ganze Schaffen eines Künstlers oder auch einer Zeit – in allen Aspekten übereinstimmt.«[6]

Gerade an solchen Identifizierungen von Stil und Werk wird eine Spannung zwischen beiden ästhetischen Begriffen bemerkbar. Wohl kommen beide darin überein, eine Einheit zu implizieren. Einem Verhalten oder einem Text Stil zuschreiben, heißt ihm eine durchgängige Organisation oder Struktur zuschreiben, die auch für andere Texte gelten könnte oder gilt.[7] Insofern hat diese Organisation oder Struktur die Bedeutung eines *Musters* in einem doppelten Sinne: als Struktur und als Vorbild für andere. Das Muster ist daher immer auch ein typisches Muster, es gilt nicht nur für *ein* Werk. Bei Stilanalysen überschreiten wir ja auch ein Werk, wir ziehen z. B. Vergleichs- und Verbindungslinien zu anderen Kunstwerken bei der Bestimmung seines Stils heran. In einem Kunstwerk können sich schließlich mehrere Stile kreuzen.

Die Begriffsgeschichte von Stil erklärt die Ambivalenzen der Stildiskussion seit dem 18. Jahrhundert. Stil ist einmal eine normorientierte Art des Redens und Schreibens, dann ein Ausdruck einer Individualität, eine Eigentümlichkeit, auf die »Regeln« (Karl Philipp Moritz) nicht angewandt werden können. Und Stil ist einmal das Kleid des Gedankens, dann die Einheit von Sinn und Form. Wegen dieser Ambivalenzen und seiner nicht selten diffusen Verwendung ist der Begriff des Stils in den sechziger und siebziger Jahren für wissenschaftlich problematisch, dann auch für überflüssig gehalten worden.[8] Er wurde ersetzt durch den Begriff der *Struktur* oder den der *Textsorte*. Im Alltag wie in der Praxis von Textanalysen in der Schule und in der Universität spielt jedoch die Frage nach sprachlichen Stilen eine selbstverständlich Rolle. Diskussionen und Streitigkeiten entzünden sich häufig an der Art und Weise, *wie* jemand etwas gesagt hat, und wie er es nicht hätte sagen sollen, am Ton, der die Musik macht. Dies sind Diskussionen und Streitigkeiten um Stilfragen. An Stillehren, wie problematische in ihren Normierungen sie auch sein mögen, besteht kein Mangel, weil es offenbar ein (legitimes) Bedürfnis nach solchen Stillehren gibt.[9] In den letzten 20 Jahren zeigt sich daher auch ein neues Interesse an Fragen des Stils.[10]

Stilbruch, Stilblüte, Stilzwang

Daß es sprachlichen Stil gibt, lehrt auch seine Fehlform, der *Stilbruch* und die *Stilblüte*.[11] Die je spezifische Wirkung von Stilbruch und Stilblüte ist nicht einfach zu beschreiben. Beide sind voneinander schwer abzugrenzen und, wenn überhaupt, nur graduell verschieden. Beide stellen Verstöße gegen das Kriterium stilistischer Angemessenheit dar, beide haben den Charakter des Unfreiwilligen und Zwanghaften. Vorzugsweise werden daher Stilblüten aus Schüleraufsätzen gesammelt (oder als aus Schüleraufsätzen gesammelt ausgegeben), weil hier eine noch unsichere stilistische Kompetenz unterstellt wird. Der Begriff der Stilblüte läßt sich auf die – keineswegs negativ gemeinte – rhetorische Metaphorik der *Blüten* oder

Blumen der Rede zurückführen, worunter u. a. die Verwendung von Metaphern, Synekdochen und Metonymien verstanden wurde.

Bei Stilblüten handelt es sich um eine unangemessene Metaphorik, die ›aufdringlich‹ wirkt. Dieser Effekt der Aufdringlichkeit kommt durch einen Umschlag der Metaphorik in eine wörtliche, körperliche Bedeutung zustande. Stilblüten enthalten daher meist unfreiwilligen Humor. So in dem Satz:»Meinem Vetter hing das alte Fahrrad zum Hals heraus, während ihm schon länger ein neuer Volkswagen im Kopf herumging.« Durch die Nähe von Bildspender und Bildempfänger (*herumging – Volkswagen*) und durch die Kumulation der Metaphorik schlägt die metaphorische Bedeutung in eine wörtliche um, deren aufdringliche Körperlichkeit von grotesk-komischer Wirkung ist. Diese penetrante Wörtlichkeit liegt auch vor in dem Satz:»Und gerade Ludwigs Musik, seine Klaviersonaten vor allem, haben schon so manches anbrennen lassen.« Man könnte auch formulieren, diese Penetranz der Wörtlichkeit ergibt sich daraus, daß eine Bedeutung sich von der Wörtlichkeit lösen soll, sie aber gerade verstärkt.

Stilbrüche sind Verstöße gegen Regeln stilistischer Angemessenheit *und* Einheitlichkeit:»Im dritten Akt macht Ferdinand der Luise den Vorschlag abzuhauen, über alle Berge und Täler, damit sie nichts mehr trennen kann.«

Schließlich gibt es auch so etwas wie eine Empfindlichkeit gegenüber *Stilzwängen*. Eine solche Empfindlichkeit weist darauf hin, daß es nicht auf die korrekte Befolgung stilistischer Konventionen ankommt, sondern auf ihre souveräne Handhabung, die ihre individuelle Überschreitung in einem freien Akt mit einschließt.

Stile, Stilisierungen

Es gibt unterschiedliche Zuordnungen von Stil: Stil kann sich auf das Verhalten von Gruppen oder auf das Verhalten in politischen, sozialen oder kulturellen Milieus beziehen, z. B. gibt es guten und schlechten demokratischen Stil, gibt es den Stil einer Subkultur, einer ›Szene‹, der ›feinen Leute‹. Der *Jargon* ist ein Stil, in dem die Funktion, die Zugehörigkeit zu einer Gruppe oder zu einer theoretischen Richtung (z. B. zum Dekonstruktivismus mit den Signalwörtern *einschreiben, Differenz, Zerstreuung* usw.) zu signalisieren, die referierende oder explizierende Funktion dominiert. Kein wissenschaftlicher Stil ist davor gefeit, zum Jargon zu verkommen. Es gibt auch das (kulturelle) Muster eines geschlechtsspezifischen männlichen und weiblichen Stils. Im sozialen Verhalten kann man sich nach einem bestimmten Muster *stilisieren*, z.B. nach dem Muster des Punk, des genialischen Künstlers oder der femme fatale.[12] Stil kann verstanden werden als Eigenschaft eines Textes oder von Textgruppen, von Werken oder Werkgruppen, z.B. als Werkstil, Autorstil, Epochenstil; er kann verstanden werden als Realisierungsnorm von Gattungen oder als Verhaltensnorm in institutionalisierten Situationen, z.B. als Vortragsstil, Diskussionsstil, Konversationsstil, Predigtstil, wissenschaftlicher Stil, Zeitungsstil, Telegrammstil. Stil ist eine Eigenschaft sprachlicher Formulierung: schriftlicher, mündlicher Stil; hochsprachlicher, umgangssprachlicher Stil; verbaler, nominaler, expliziter, komprimierter, elliptischer, hypotaktischer, parataktischer, archaischer, persönlicher, natürlicher, gestelzter, höflicher, sachlicher, eleganter, umständlicher, … Stil.

Es gibt einen Wandel von Stilen, z.B. den langfristigen Wandel sprachlicher Stilmuster. Die seit dem 19. Jahrhundert sich abzeichnende Tendenz zum Nominalstil reagiert auf Verknappungen der Zeit und des Raumes (z.B. in Zeitungen) und auf die Zwänge begrifflicher Formalisierungen. Peter von Polenz hat aus einem Vergleich der Zehn Gebote in der Fassung Luthers (z.B. Siebtes Gebot: *Du sollst den Namen des Herrn, deines Gottes, nicht mißbrauchen, denn der Herr wird den nicht ungestraft lassen, der seinen Namen mißbraucht*.) mit der Formulierung der Grundrechte im Grundgesetz (z.B. Artikel 1: *Die Würde des Menschen ist unantastbar. Sie zu achten und zu schützen ist Verpflichtung aller staatlichen Gewalt*) eine »Entwicklungstendenz« von hypotaktischen zu parataktischen, von expliziten, impliziten, verbalen zu nominalen Stilmustern abgeleitet.[13] Dazu kommt die Ersetzung der situativen Einbettung mit Angabe des Sprechers (Erstes Gebot: *Ich bin der Herr, dein Gott …*) und des Adressaten (*Du sollst …*) durch unpersönliche, abstrakte Formulierungen. Die neuen Stilmuster sind elliptisch, kompakt und implizit. Mit Sicherheit wird auch die Möglichkeit des Computers, Textteile als Fertigteile mehrfach zu gebrauchen, stilistische Konsequenzen haben. Sie wird den sprachlichen Stil stereotypisieren.

Stilinterpretation

Der Begriff des Stils bezieht sich darauf, *wie etwas* gesagt wird, oder allgemeiner: *wie etwas* mitgeteilt wird.[14] Darin sind sich Handbücher und der allgemeine Sprachgebrauch einig. Die Möglichkeit und die Schwierigkeit der Stilanalyse liegt darin, daß keines dieser Äußerungselemente ohne das andere existiert, Form vom Inhalt nicht zu trennen ist. Gleichwohl können beide voneinander abgehoben werden. Ich kann eine Frage gut oder schlecht, höflich oder unhöflich formulieren. Die Möglichkeit stilistischer Verbesserungen deutet darauf hin, daß in der Organisation des Stils variable Elemente enthalten sind, deren Veränderung das *Was* selbst nicht verändert, sondern klärt. Die Abhebbarkeit des *Wie* einer Handlung ermöglicht z. B. ihre Parodierbarkeit. Dennoch ist die Sprache kein Kleid der Gedanken, das je nach Gelegenheit getragen werden kann. Wäre es so, wäre eine Stiltheorie vergleichsweise einfach zu begründen. Man könnte die jeweiligen Stilmerkmale beschreiben und dann bestimmten Stilmustern zuordnen. Diese Metapher ist jedoch ebenso ehrwürdig wie irreführend. Sie wird am Ende des Eingangszitats auch vorsichtig revidiert. Die Metapher trennt das gesprochene Wort von der Bedeutung, dem Gedanken, wie ein Kleidungsstück vom Körper. Wortlos sollen Gedanken vor den Wörtern existieren, die sie nachträglich artikulieren. Schon Schleiermacher wandte gegen eine solche Ansicht ein: »Gewohnt sind wir unter Styl nur die Behandlung der Sprache zu verstehen. Allein Gedanken und Sprache gehen überall ineinander über, und die eigentümliche Art den Gegenstand aufzufassen, geht in die Anordnung und somit auch in die Sprachbehandlung über.«[15] Daher lassen sich Stilanalysen nicht auf eine Statistik und Beschreibungen von Merkmalen reduzieren. Stilanalyse ist Stilinterpretation.[16]

Untersuchungen des *Wie* und *Was* einer Sprechhandlung sind Abstraktionen in Hinsicht auf eine komplexe Einheit.[17] Das Recht dieser Abstraktion basiert auf der polymorphen sprachlichen Kommunikation, in der das *Was* der Sprechhandlung (die *Proposition*) und das *Wie* ihrer Ausführung (die *Illokution*) gleichermaßen bedeutungsvoll sind und sich wechselweise Bedeutung verleihen. Jede Sprechhandlung hat zwei Aspekte: sie sagt etwas aus und sie sagt aus, wie das, was gesagt wird, zu verstehen ist, z. B. als Frage, als Befehl, ironisch, sachlich, persönlich usw. Wenn wir nach dem *Wie* einer Äußerung fragen, interessiert uns, *was* mit dem *Wie* auf eine besondere Art und Weise ausgedrückt wurde. Das *Wie* kann sogar die eigentlich gemeinte Aussage enthalten. Wenn ich z. B. jemanden sehr höflich um etwas bitte, kann dies ein Mittel sein, ihm dadurch zu verstehen zu geben, daß ich auf Distanz Wert lege.

Die Abstraktion des *Wie* vom *Was* ist besonders diffizil in der Literatur, denn hier ist das *Wie* (die Form) vom *Was* (dem Inhalt) noch weniger zu trennen, da beide Aspekte derselben *Diskurswelt* angehören. Lang und Kurz können über die Bundestagswahl jeweils anders reden, da die Diskurswelt der Bundestagswahl unabhängig von ihren Diskurswelten ist. Der Erzähler von Büchners *Lenz* ist hingegen Teil der Diskurswelt dieses literarischen Textes. Sie existiert nicht unabhängig von ihm. Er existiert nicht unabhängig von ihr. Es gibt auch keinen anderen denkbaren Erzähler eben dieser Geschichte von Lenz. Des Pfarrers Oberlin Bericht vom historischen Lenz betrifft genau genommen einen anderen Lenz als den Büchners, wenngleich es im Bewußtsein des Lesers zu Überschneidungen kommt.

Gleichwohl kann man auch bei diesem Text Aussagen über das *Wie* machen. Zu den Strukturelementen des literarischen Textes gehören verallgemeinerbare, d. h. nicht nur auf diesen Text beschränkte *Handlungsmuster*, wie z. B. Beschreibung einer Landschaft, Charakterisierung einer Person, Kundgabe von Emotionen, das Machen von Mitteilungen, Erzählen, Berichten, dialogische und monologische Reden usw. Aussagen darüber, *wie* diese allgemeinen sprachlichen Handlungsmuster realisiert werden, sind möglich und legitim. Man kann einen literarischen Text als einen komplizierten Sprechakt im Großen ansehen, bei dem ebenfalls propositionale und illokutive Elemente voneinander abgehoben werden können.

Stilkonzepte

Überblickt man den traditionellen Gebrauch des Stilbegriffs, so lassen sich drei Stilkonzepte unterscheiden. Alle drei hängen jedoch zusammen: Stil als *Kundgabe und Mitteilung,* Stil als *Muster* und Stil als *Wahl*. Das Konzept der Kundgabe und Mitteilung betrifft die

Funktion des Stils, die Konzepte des Musters und der Wahl zielen auf strukturelle Eigenschaften des Stils. Diese Systematisierung nach Funktion und Struktur kann erweitert werden.[18] Unter dem Aspekt der *Struktur* wären z. B. phonetische Formen wie Reim, Alliteration, Assonanzen, rhythmische Gliederungen, Wörter mit besonderen Stilwerten (*Fresse, Antlitz, Visage, Gesicht; Mund, Maul, Schnute; Hund, Köter*), Stilfiguren wie Metaphern, Vergleich, Parallelismus, syntaktische Formen wie Hypotaxe, Parataxe, der Aufbau des Textes, die Entfaltung des Themas zu untersuchen.[19] Unter dem Aspekt der *Funktion* würden auch Angemessenheitsforderungen, soziale und mediale Voraussetzungen usw. untersucht.

Stil als Kundgabe und Mitteilung

Eine wesentliche Funktion des *Wie* besteht in der Kundgabe von Einstellungen, zum Kommunikationspartner, zum Sachverhalt, ja zum Stil selbst.[20] In den folgenden unterschiedlichen Aufforderungsformulierungen werden unterschiedliche Einstellungen formuliert. Die Aufforderung ›Tee aufzugießen‹ ist gleich, ihre Formulierung verschieden:

> *Laß uns Tee aufgießen!*
> *Wir müssen den Tee aufgießen! (.)*
> *Du gießt den Tee auf!*
> *Gieß den Tee auf!*
> *Der Tee muß aufgegossen werden (.)!*
> *Würdest Du bitte den Tee aufgießen?*
> *Könntest Du den Tee aufgießen?*
> *Tee!*

Die Einstellungen unterscheiden sich jeweils im Grad des Aufforderungscharakters. Er kann direkt, indirekt, abgemildert und ein ganz selbstverständlicher Akt oder eine kurze Erinnerung (*Tee!*) sein. Jede dieser Einstellungsbekundungen definiert auch das Verhältnis zum Partner, je nach der Situation als gleiches, als freundliches oder höfliches, als sachliches usw. Wenn wir sprechen, geben wir unausweichlich unsere Einstellung kund, äußern wir uns auch unausweichlich in einem bestimmten Stil. Noch der Verfasser eines amtlichen Dokuments im bekannten unpersönlichen Stil gibt mit diesem Stil eine Einstellung kund: Er soll und will für diese sprachliche Handlung keine persönliche Verantwortung übernehmen. Der unpersönliche Stil wissenschaftlicher Abhandlungen mit seiner Vermeidung der Pronomen *ich, man, wir* charakterisiert sowohl eine Einstellung als auch die Darstellung des Sachverhalts. Suggeriert wird die objektive Darstellung der Sache selbst. Ihr gegenüber hat die Subjektivität der Person zu verschwinden. Die Verwendung der Pronomen *ich, man, wir*, bevorzugt in der angelsächsischen wissenschaftlichen Kultur, ist dagegen ein Ausdruck des Versuchscharakters und der Standpunktgebundenheit der Argumente, doch mit einem Anspruch auf allgemeinen Konsens. Der Effekt dieses persönlicheren, umgänglicheren Stils kann freilich umschlagen in einen neuen Autoritätseffekt.

Wie aus diesen Beispielen hervorgeht, können durch den Stil einer Äußerung Einstellungen zum Sachverhalt, zum Kommunikationspartner, zu sich selbst, und Beziehungserwartungen bekundet werden.

Der Anfang von Büchners Erzählung *Lenz* lautet:

> *Den 20. ging Lenz durchs Gebirg. Die Gipfel und hohen Bergflächen im Schnee, die Täler hinunter graues Gestein, grüne Flächen, Felsen und Tannen. Es war naßkalt, das Wasser rieselte die Felsen hinunter und sprang über den Weg. Die Äste der Tannen hingen schwer herab in die feuchte Luft. Am Himmel zogen graue Wolken, aber alles so dicht, und dann dampfte der Nebel herauf und strich schwer und feucht durch das Gesträuch, so träg, so plump. Er ging gleichgültig weiter, es lag ihm nichts am Weg, bald auf – bald abwärts. Müdigkeit spürte er keine, nur war es ihm manchmal unangenehm, daß er nicht auf dem Kopf gehen konnte.*[21]

Sogleich fällt die unbestimmte Zeitangabe auf, die Apokope des *e* in Gebirge, die parataktischen Sätze und Satzverknüpfungen, das Fehlen des Verbs im zweiten Satz, die Formen erlebter Rede (*aber alles so dicht … so träg, so plump*), der Gebrauch dynamischer Verben (*rieseln, springen, hängen*), von Bewegungs- und Ortsadverbien (*hinunter, herab, herauf, auf-, abwärts*), der Gebrauch gewöhnlicher und weniger Adjektive, die Wiederholung von *grau, feucht, schwer,* die Wiederholung des *so* und des unbestimmten *es*. Allein diese Eigenschaften schon, die sich in den folgenden Passagen noch ergänzen ließen, unterscheiden diese Weise, ein Handlungsmuster sprachlich zu realisieren, das man charakterisieren könnte als ›Beschreibung einer Person beim Gang durchs Gebirge‹, von anderen möglichen und denkbaren Weisen. Zusammen bilden diese Elemente einen spezifischen, von anderen Stilen unterscheidbaren Stil. Es fällt auch auf, was in Büchners Text fehlt: eine von der Hauptfigur und ihrer Subjektivität klar abgrenzbare Erzählerfigur. Anders in den Aufzeichnungen des Pfarrers Oberlin, der Quelle für Büchners Erzählung:

> *Den 20. Januar 1778 kam er hieher. Ich kannte ihn nicht. Im ersten Blick sah ich ihn, den Haaren und hängenden Locken nach, für einen Schreinergesellen an; ... Die darauf folgende Nacht hörte ich eine Weile im Schlaf laut reden, ohne daß ich mich ermuntern konnte ... Vielleicht dachte ich, ist er ein Nachtwandler und hatte das Unglück in die Brunnbütte zu stürzen; man muß ihm also Feuer, Tee machen, um ihn zu erwärmen und zu trocknen.*

Eine konturierte Erzählerfigur, eine festgelegte Außenperspektive und ein klarer Erzählerstandort: Oberlin tritt auf als Beobachter. Er zeichnet auf, was er beobachtet und hört. Darüber, was er nicht beobachten kann, kann er nur Vermutungen anstellen.

Die Figur des Erzählers ist in Büchners Erzählung indirekt aus den Passagen erschließbar, in denen in der dritten Person erzählt wird (*... ging Lenz ... Er ging ... weiter ... Müdigkeit spürte er keine*). Die Wahrnehmungs- und Erzählperspektive des Erzählers nähert sich der Wahrnehmungsperspektive von Lenz bis zu ihrer Übernahme an, so schon im zweiten, elliptischen Satz und in den Stilmitteln der erlebten Rede. Irritierend die Übernahme der Innenperspektive im Satz: *Müdigkeit spürte er keine, nur war es ihm manchmal unangenehm, daß er nicht auf dem Kopf gehen konnte*. Ein distanzierter Erzähler hätte vielleicht formuliert: *Müdigkeit spürte er keine. Jedoch hatte er das wahnhafte Bedürfnis, auf dem Kopf gehen zu können*.

Die Erzählweise erzeugt den Eindruck, man habe unmittelbar Teil an den Bewußtseinsvorgängen von Lenz. Sie werden so vermittelt, als seien sie ganz normal. So soll der Leser auch gelenkt werden, in der Subjektivität von Lenz nicht eine Krankheit, sondern eine Wahrnehmung von Welt zu erkennen. Mit der unbestimmten Zeitangabe des ersten Satzes behandelt der Erzähler den Leser als Beteiligten. Die Darstellung dieser Gefährdung durch den Stil des Erzählens macht aus Lenz kein Objekt eines beobachtenden oder diagnostizierenden Blicks. Erzähler und Leser stehen nicht ›über‹ Lenz. Mit diesem Stil gibt der Erzähler seine Einstellung zu Lenz kund und lenkt die Einstellung des Lesers. Der Wechsel von einer Außen- in eine Innenperspektive soll gleichzeitig die Unfähigkeit von Lenz, zwischen Innen und Außen, Subjektivität und Realität zu trennen, nachvollziehen. Diese Mischung von Beschreibungselementen und Ausdruckselementen macht den spezifischen Stil dieser Passage aus.

Stil als Muster

Von einem Stil reden wir dann, wenn eine Handlung oder ein Sprechakt Merkmale enthält, die nach einem *Muster* geordnet werden können. Wiederholungen, z. B. von Lauten, Wörtern, von einzelnen syntaktischen Formen können ein solches organisierendes Prinzip sein. Die Suche nach wiederkehrenden Elementen ist daher ein wichtiges heuristisches Mittel der Stilinterpretation. Eine Feststellung von Wiederholungen besagt allerdings noch wenig. In einem Text wiederholen sich z. B. Artikel, Pronomen, Konjunktionen, Präpositionen. Die bloße Wiederholung verleiht ihnen noch keine stilistische Relevanz. Sie *können* relevant werden als Elemente eines *Musters*. Als Muster sind die Merkmale nicht nur nach einem *organisierenden Prinzip*, sondern auch nach einem für diese Handlung *typischen* Organisationsprinzip geordnet. Der Stil artikuliert eine typische, nicht zufällige Eigenschaft. Muster bedeutet daher auch: Ein Muster für weitere, andere Handlungen, die insofern den gleichen Stil teilen. Die Doppeldeutigkeit von Muster als Struktur und als Vorbild kommt also für die Explikation des Stils gelegen.

Eine typische Bedeutung hat z. B. ein parataktischer oder ein naturalistischer Stil, weil er ein Muster für verschiedene Texte abgibt. Auch die *Stilisierung*, z. B. zu einem alternativen Freak, zielt darauf, nach einem bestimmten, typischen Verhaltensmuster zu leben.

Nun bilden aber typische Handlungselemente oder Handlungen allein auch noch keinen Stil.[22] Beim Fahren eines Autos vollziehe ich typische, wiederkehrende Handlungen: Kupplung treten, schalten, Gas geben, bremsen, Lenkrad drehen. Jemand fährt aggressiv oder defensiv. Diese Handlungen sind noch kein Indiz für Stil, weil es einfach instrumentelle, zweckorientierte Handlungen sind. Erst wenn diese Elemente den Charakter einer, wie Goffman es nennt, »expressiven Identifizierbarkeit«[23] erhalten, schreiben wir ihnen Stil zu. Diese expressive Identifizierbarkeit erhält das Fahren z. B. dann, wenn ich damit zugleich demonstrieren, d. h. mitteilen will: Auf diese Art und Weise fahre ich. Dies ist mein Fahrstil. Expressive Identifizierbarkeit erhält die Handlung des Fahrens auch dann, wenn sie von außen beobachtet, mit anderen verglichen und als ein besonderer, nur diesem Fahrer eigentümlicher Fahrstil identifiziert wird. Stil macht eine Handlung sichtbar, unterscheidbar und merkbar. Von einer Handlung können wir auch ohne weitere Spezifizierung sagen: *das hat Stil*, wenn in ihr ein Handlungsmuster (im Sinne von Struktur und Vorbild) und das Bewußtsein, ein Handlungsmuster konsequent zu vollziehen, erkennbar ist.

Das spezifische Stilmuster von Büchners Text wird gebildet aus der Vermischung von Außen- und Innenperspektive in der Er-Erzählung, dem Übergewicht dynamischer Verben, aus Bewegungs- und Ortsadverbien, der Wiederholung von bestimmten Wörtern. Sie manifestieren eine einheitliche stilistische Intention, einen *Stilwillen*. Die expressive Identifizierbarkeit dieses Stils ist nicht nur ein Resultat dieses Stilwillens, sondern auch eines Vergleichs mit anderen möglichen Weisen des Erzählens, z. B. in Oberlins Aufzeichnungen, oder mit anderen Landschaftsdarstellungen.[24] Für die zeitgenössischen Leser lag ein Vergleich mit dem Anfang von Eichendorffs Roman *Ahnung und Gegenwart* (1815) vielleicht nahe:

Von beiden Seiten sangen die Vögel aus dem Walde, der Widerhall von dem Rufen und Schießen irrte in den Bergen umher, ein frischer Wind strich über das Wasser, und so fuhren die Studenten in ihren bunten, phantastischen Trachten wie das Schiff der Argonauten. Und so fahre denn, frische Jugend!

Heutige Leser lesen Büchners Text auch vor dem Hintergrund realistischer Landschaftsdarstellung, z. B. in Fontanes *Der Stechlin* (1897). Charakteristisch die sachlichen, lokalisierenden, detaillierenden, präzisierenden Angaben, die zusammen mit den Namen Realität beanspruchen. Die Sicherheit des außenperspektivischen Erzählens wird freilich einige Zeilen weiter gestört: »Alles still hier.«

Im Norden der Grafschaft Ruppin, hart an der mecklenburgischen Grenze, zieht sich von dem Städtchen Gransee bis nahe Rheinsberg hin (und noch darüber hinaus) eine mehrere Meilen lange Seenkette durch eine menschenarme, nur hie und da mit ein paar alten Dörfern, sonst aber ausschließlich mit Förstereien, Glas- und Teeröfen besetzte Waldung.

Der Anfang von Christoph Heins Novelle *Der fremde Freund* (in der DDR 1982, in der Bundesrepublik 1983 erschienen unter dem Titel *Drachenblut)* läßt wieder an Büchners *Lenz* denken: Keine zeitlichen oder geographischen Angaben, Unbestimmtheit der Szenerie, Landschaft als (im Vergleich zu *Lenz* allerdings betonter) Reflex des Innern. Die Veränderung der Erzählperspektive in eine Ich-Perspektive exponiert das Ich in seiner Erinnerung:

Am Anfang war eine Landschaft.
Der Hintergrund ein Zypressengrün, ein schmaler Streifen von kristallenleuchtender Leere. Dann eine Brücke, sie führt über einen Abgrund, über eine Schlucht, einen tiefliegenden Bach. Beim Näherkommen – weniger ein Laufen, Schreiten, fast wie eine Kamerafahrt – zeigt sich, sie ist brüchig, eine Ruine. Zwei Balken über einem grundlosen Boden. Ich oder die Person, die vielleicht ich selbst bin, zögert. Ich – behaupten wir es – sehe mich um.

Vergleichbar dem Begriff des *Musters* ist der in der Stildiskussion auch verwendete Begriff des *Registers*.[25] Unter Register werden situationstypische Sprachverwendungen verstanden, gesprochene Sprache, Schriftsprache, Rechtssprache, sakrale Sprache usw. Im alltäglichen Sprachgebrauch kommt es ständig zu Übergängen und Mischungen solcher Register. Viele literarische Texte sind dadurch charakterisiert, daß in ihnen bewußt solche Register gemischt werden. So mischt Hölderlin in seiner Lyrik nach 1800 das Register des schwäbischen Dialekts mit dem Register der hochdeutschen Literatursprache, dem Register der Bibelsprache und dem Register der antiken hymnischen Sprache.[26]

Stil als Wahl

Aus den literarischen wie aus dem *Tee*-Beispiel geht hervor, daß zum Stilbewußtsein das Bewußtsein möglicher Alternativen gehört. Handlungstypen können auf unterschiedliche Art und Weise ausgeführt werden. Wir können z. B. die Aufforderung, Tee aufzugießen, auf unterschiedliche Weise formulieren, wir können eine Landschaft unterschiedlich beschreiben, wir können über einen Sachverhalt unterschiedlich reden, in einem journalistischen, wissenschaftlichen, persönlichen oder unpersönlichen Stil, wir können z. B. einen bestimmten Fahrstil entwickeln. *Es gibt nur Stil, weil es unterschiedliche Stile gibt.* Was allen Texten gemeinsam ist, ist kein Stil, sondern Teil des Sprachsystems, der *langue*.[27] Weil es unterschiedliche Stile gibt, eine Handlung auszuführen, eignet sich der Stil so gut als Mittel sozialer Distinktion.[28]

Es gibt übliche, erwartbare Formulierungen und so etwas wie naheliegende Alternativen. Warum von ihnen abgewichen wurde, ist daher eine aufschlußreiche heuristische Frage in der Stilinterpretation. »Gesegnete Nahrungsaufnahme« wünscht Hofrat Behrens seinen Patienten in Thomas Manns *Zauberberg.*

Dem Stilwert von üblichen oder abweichenden Formulierungen kommt man durch Ersetzungsproben auf die Spur. Durch den Vergleich z. B. zwischen den Formulierungen: *Müdigkeit spürte er keine, nur war es ihm manchmal unangenehm, daß er nicht auf dem Kopf gehen konnte* mit *Müdigkeit spürte er keine, nur dachte er manchmal, er müsse auf dem Kopf gehen können* oder *Müdigkeit spürte er keine, doch litt er unter der krankhaften Vorstellung, nicht auf dem Kopf gehen zu können,* kann man sich den Effekt von Büchners Formulierung klären.

Der Stil der *Genesis* (1.Moses 1) wird gekennzeichnet durch kurze Sätze, Parataxe, Parallelismus, eine neutrale Erzählhaltung, Außenperspektive, die Verwendung performativer Verben (*schaffen, sprechen, scheiden, nennen*), die Vermeidung von Attributen. Erzeugt wird so ein lapidarer Stil, der eine Fraglosigkeit der Handlung suggeriert. Der Eindruck, daß dieser Stil eine Wahl sei, daß man diese Geschichte noch anders erzählen könnte, soll nicht aufkommen:

> *Am Anfang schuf Gott Himmel und Erde.*
> *Und die Erde war wüst und leer, und es war finster auf der Tiefe;*
> *und der Geist Gottes schwebte auf dem Wasser.*
> *Und Gott sprach: Es werde Licht! und es ward Licht.*
> *Und Gott sah, daß das Licht gut war. Da schied Gott das Licht*
> > *von der Finsternis*
> *und nannte das Licht Tag und die Finsternis Nacht...*

Das Konzept Stil als *Wahl* hat freilich seine problematische Seite. Nur zu leicht suggeriert das Konzept der Wahl, vergleichbar der Metapher des Kleides für die Sprache, die Ansicht, man fasse einen Gedanken und wähle dann nachträglich seine Formulierung. Selbstverständlich gibt es ein bewußtes Wählen von Worten, auch um die wahre Absicht zu verschleiern, gibt es die Suche nach dem richtigen und treffenden Wort. Wir fassen jedoch nicht einen Gedanken und formulieren ihn dann nachträglich, sondern wir formulieren einen Gedanken auf diese Weise (und formulieren ihn eventuell dann noch einmal anders). Wir formulieren z. B. in einer bewußten Unterscheidung zu anderen möglichen Formulierungen. Selbst wenn diese nicht unserer Intention entsprach, können Rezipienten diese Formulierung als eine bewußte Realisierung wahrnehmen. Max Black hat für die Charakterisierung des Verhältnisses von Denken oder Intention und Formulierung ein »Melodiemodell« vorgeschlagen: Eine Melodie behält ihre Identität auch dann, wenn sie in verschiedenen Tonarten transponiert oder auf verschiedenen Instrumenten gespielt oder gesungen wird. Die Vorstellung einer Melodie, von jeder akustischen Darstellung getrennt, wäre eine Absurdität.[29]

Das Problem der Wahl verschärft sich noch in der Frage des Stils von literarischen Texten. Hier gilt ja als eine Bedingung ihrer ästhetischen Rezeption, daß die Form nicht vom Inhalt ablösbar ist. Die ›Wahl‹ einer anderen Form verändert auch den Inhalt. Doch da sich auch literarische Texte als Sprechakte im Großen mit einem propositionalen Gehalt und einer Illokution (zu der auch die selbstreferentielle Mitteilung ›Ich bin ein Kunstwerk‹ gehört) begreifen lassen, ist es legitim zu fragen, ›Wie wird erzählt?‹ oder ›Wie redet das lyrische Ich?‹, ebenso wie es legitim ist zu fragen: ›Wie wurde die Aufforderung, Tee aufzugießen, formuliert?‹ Da wir auch den spezifischen Stil eines Textes nur vor dem Hintergrund vergleichbarer Stile wahrnehmen, entspricht und widerspricht der Stil der Autonomie des Kunstwerks.[30] Genauer sollte man formulieren: entsprechen und widersprechen die Stile, die ein Kunstwerk integrieren kann, seiner Autonomie.

Ein Stil, der etwas Besonderes sein will: Klischee

In uns allen steckt ein Abonnent.

Kortner

Klischee, Stereotyp

Der Begriff des Klischees ist in der Literaturkritik, der Literaturwissenschaft und Sprachwissenschaft kein unwichtiger Begriff. Doch er wird uneinheitlich definiert und verwendet. Er wird verwendet, um einen sprachlichen Stil oder eine Denkform zu beschreiben, und er wird neutral oder wertend verwendet. Ein Klischee kann eine gängige oder eine schlechte Ausdrucksweise sein. Mit meinen folgenden Überlegungen möchte ich einen Vorschlag zur terminologischen Verwendung des Begriffs und zu seiner Abgrenzung gegenüber konkurrierenden Begriffen machen.

Überblickt man die Verwendung des Begriffs in neueren Untersuchungen,[1] so wird er fast immer mit dem Begriff des *Stereotyps* gleichgesetzt. Unter Klischees oder Stereotypen (manche gebrauchen auch den Begriff des *Phraseologismus*) werden dann, um eine beliebige, aber repräsentative Explikation zu zitieren, »vorgeprägte Wendungen, abgegriffene, durch allzu häufigen Gebrauch verschlissene Bilder, Ausdrucksweisen, Rede- und Denkschemata, die ohne individuelle Unterscheidung einfach unbedacht übernommen werden«,[2] verstanden.

Mit »Rede- und Denkschemata« sind Schemata der Wahrnehmung und Einstellung gemeint. Solche Schemata stellen unvermeidliche Verallgemeinerungen und Vereinfachungen dar, die uns bei der Orientierung in der Welt helfen. Wie das Beispiel sozialer oder nationaler Stereotypen zeigt (»die Holländer«, »die Deutschen«, »die Juden«[3]), können sich diese Schemata jedoch verfestigen und gegenüber Überprüfungen und Veränderungen resistent werden. So werden sie zu Vorurteilen.

Die Begriffe *Klischee* und *Stereotyp* haben eine gemeinsame Geschichte. Beide sind ursprünglich Fachwörter der Drucktechnik. Das Wort Stereotyp ist nach Auskunft des *Grimmschen Deutschen Wörterbuchs* um 1800 gebildet worden, nach dem Vorbild des französischen *le stéréotype*. In der *Allgemeinen deutschen Real-Encyclopädie* (8. Aufl. 1836) heißt es im Artikel *Stereotype*: *wörtlich feste Buchstaben, so genannt im Gegensatze der beweglichen Lettern, heißen die Abformung der mit letztern gesetzten Columnen in dünnen Platten von Schriftmetall, welche behufs des Abdrucks genommen werden. Die Erfindung der Stereotype ist einer der wichtigsten Fortschritte, welche die Buchdruckerkunst seit ihrer allgemeinern Einführung gemacht, und von wesentlichem Einfluß auf die Litteratur. Mittels des Drucks mit Stereotypen lassen sich Werke, namentlich von großem Umfang und in starken Auflagen, auf die wohlfeilste Weise, in größter Schnelligkeit und an verschiedenen Orten gleichzeitig, in höchstmöglichster Correctheit des Textes und großer, gleichmäßiger Schärfe des Drucks herstellen.* Schon bald wurde dieses Wort auch übertragen gebraucht. Ein Beleg von 1820 lautet: » … geistlosen Scherzen, die man, weil sie sich unaufhörlich wiederholen, Stereotypen nennen könnte«. Das Stereotyp gilt demnach als eine ›unaufhörliche Wiederholung‹. Sie verstärkt offenbar die Geistlosigkeit dieser Scherze.

In der *Allgemeinen deutschen Real-Encyklopädie* (11. Auflage von 1865) wird im Artikel *Clichieren* das Verfahren des »Clichierens« oder »Abklatschens« beschrieben. Danach wird vom »Original« ein Abdruck, ein »Cliché (Klischee, Abklatsch)« in geschmolzenen Metallen hergestellt, welcher dann als Matrize für beliebig viele »Kopien« dient. Das aufwendige Verfahren des Clichierens wurde durch die Stereotypietechnik abgelöst. Als Metapher wird Cliché ebenfalls seit dem frühen 19. Jahrhundert in den allgemeinen Sprachgebrauch übernommen,[4] um vorgefertigte, massenhaft verbreitete Formen des Denkens oder der Sprache zu bezeichnen. Diese metaphorische Qualität hat der Gebrauch der beiden Wörter längst verloren. Beide Begriffe werden ursprünglich polemisch verwendet, um das Vorgefertigte, ›Abgeklatschte‹ eines sprachlichen Ausdrucks oder eines Stils zu kritisieren.

Was nennen wir nun, mit einem intuitiven Sprachbewußtsein, ein Klischee? In dem Anfang 1996 erschienenen Roman von Monika Maron *Animal Triste* beschreibt die Ich-Erzählerin ihre Wahrnehmung von New York:

Alle Sprachklischees erwiesen sich plötzlich als so paradox wie wahr: Der Dschungel der Großstadt, die pulsierende Stadt, der Lärm brandet; der Verkehr braust; strömende Menschenmassen, Häusermeere, Straßenschluchten, als wäre im Chaos der Stadt die uns gemäße Natur wieder erwachsen.[5]

Für diese Sprachklischees trifft die eben zitierte Umschreibung zu. »Dschungel der Großstadt«, »pulsierende Stadt« usw. sind vorgeprägte, abgegriffene, durch allzu häufigen Gebrauch verschlissene Bilder und Wendungen. Diese Wendungen haben wir alle irgendwie schon gehört oder gelesen. Macht dann die bloße Wiederholung ein Wort oder ein Bild schon zum Klischee? Wir gebrauchen zum Beispiel ständig die Wörter »ja«, »nein«, »und«, »Straße«, ohne daß wir sie je als Klischees wahrnehmen. Wir grüßen ständig mit dem stereotypen Ausdruck »Guten Tag!«, ohne daß wir je auf die Idee kämen, mit »Was für ein Klischee!« zu reagieren. (Die Vermeidung dieses Grußes in der Jugendsprache könnte freilich auch damit zusammenhängen, daß der Gruß in einer bestimmten Gruppe doch als ein Klischee wahrgenommen wird.) Die Wiederholung eines Ausdrucks allein macht ihn offenbar noch nicht zum Klischee.

Um den Effekt des Klischees genauer beschreiben zu können, möchte ich ein Klischee mit einem Gruß vergleichen. Warum wirkt auf uns die tägliche Wiederholung des Ausdrucks »Guten Tag!« nicht als ein Klischee?

Gruß, Liebeserklärung

Der *Gruß* ist eine Handlung, mit der die Konvention des Grüßens vollzogen wird. Wir können auf verschiedene Weise grüßen, durch einen Sprechakt, den wir zum Beispiel auch unterschiedlich betonen können, durch Gesten und durch Mimik. Jeweils kommt es auf die Erfüllung und Einhaltung der Konvention des Grüßens als solcher an. Der sprachliche Ausdruck, die Geste und die Mimik sind konventionell festgelegt und an eine gesellschaftliche Institution und an eine bestimmte Kommunikationssituation gebunden (*Guten Tag! Mahlzeit! Hallo! Hi!* usw.). Sie sind nicht oder nur sehr begrenzt veränderbar. Das Grüßen ist ein »interpersonelles Ritual«,[6] in dem sich mindestens zwei Personen anerkennen und bestätigen. Sie bestätigen mit dem Gruß ihre Übereinstimmung als soziale und zivile Wesen. Diese Bestätigung schließt auch die Bestätigung der Konvention des Grüßens, überhaupt gesellschaftlicher Konventionen ein. Der Grüßende äußert mit seinem Gruß immer auch, daß er die Konvention des Grüßens, daß er gesellschaftliche Konventionen einhalten und erfüllen will.[7] Es kommt also beim Gruß wesentlich auf die Erfüllung einer Konvention an. Daher stellt er, genau genommen, keine Wiederholung dar. Mit meinem Gruß heute wiederhole ich nicht meinen Gruß von gestern. (Ich kann natürlich einen Gruß wiederholen, wenn er zum Beispiel nicht verstanden wurde.) Der Begriff der Wiederholung wäre zur Beschreibung der Handlung des Grüßens nur dann sinnvoll, wenn an der Stelle des Grüßens ganz andere Handlungen möglich wären, oder wenn die Handlung als eine einmalige vollzogen würde, wenn also das Grüßen keine Konvention wäre. Konventionen wiederholt man nicht, man erfüllt sie. Daher ist auch die Handlung »Guten Tag!«, wiederum genau genommen, kein Stereotyp oder ein Klischee, wenn unter beiden Begriffen vorgeprägte Wendungen, ›abgegriffene Ausdrucksweisen‹, also Ausdrucksweisen, die wiederholt werden, verstanden werden.

Der Grüßende erfüllt und bestätigt mit seinem Gruß eine gesellschaftliche Konvention, und der Gegrüßte erwartet die Erfüllung und Bestätigung eben dieser Konvention. Für seinen Gegengruß gilt das gleiche. Auch er muß die Konvention erfüllen. Das Verhältnis von Gruß und Gegengruß soll sogar symmetrisch sein. Eine Abweichung, zum Beispiel »Hallo!« anstelle von »Guten Tag!«, kann schon als eine bewußte Korrektur oder Geringschätzung empfunden werden.

Auch *Liebeserklärungen* wie z. B. der Sprechakt »Ich liebe dich« sind konventionelle Akte – und im Schutze der Konvention sehr individuelle und intime.[8] Die Erfüllung einer Konvention in einer solchen Liebeserklärung hat auch noch die Funktion, daß gegenüber dem Adressaten und gewissermaßen gegenüber der in der Konvention gegenwärtigen Gesellschaft ein Akt einer verbindlichen ›Erklä-rung‹ vollzogen wird. Weil seine Konventionalität eine Funktion ausübt, wird auch dieser Sprechakt nicht als ein Klischee wahrge-nommen. Er kann freilich als ein Klischee dann wahrgenommen werden, wenn nur das Individuelle in einer Liebeserklärung ausge-drückt werden soll.

Warum erzeugt im Unterschied zum Gruß oder zur Liebeserklä-rung das Klischee den Effekt der Wiederholung, des Stereotypen, des Abgegriffenen und Verschlissenen, wie die plastischen Meta-phern lauten? Aus einem der erfolgreichsten deutschen Unterhal-tungsromane nach 1945, *Es muß nicht immer Kaviar sein* von Jo-hannes Mario Simmel, sei ein Beispiel zitiert:

Hinter einem zierlichen Schreibtisch erhob sich hier eine schlanke, ele-gante junge Frau von etwa 28 Jahren. In weichen Wellen fiel ihr kasta-nienbraunes Haar bis fast auf die Schultern. Hellrosa glänzte der große Mund. Schräggeschnitten waren die braunen Augen, hochgestellt die Bak-kenknochen. Lange, seidige Wimpern besaß die Dame, samtweiche, gold-getönte Haut.[9]

Die Beschreibung der Frau kommt einem bekannt vor. Man hat den Eindruck, solche oder ähnliche Formulierungen, angefangen vom »zierlichen« Schreibtisch über das »kastanienbraune« Haar, die »seidigen« Wimpern bis zur »samtweichen« Haut, schon oft gelesen zu haben. Hier kann man von einer Wiederholung sprechen, denn die Frau könnte ja, im Unterschied zur Situation des Grußes, ganz anders beschrieben werden. Auffallend in der Textpassage ist die Häufung der beschreibenden Angaben. Intuitiv wird man wohl diese Passage als klischeehaft charakterisieren. Warum?

Die Häufung von Attributen hebt die ganze Passage aus dem Kontext hervor, der wie der ganze Roman stark durch dialogische Sequenzen bestimmt ist. Die Körperteile der Frau werden mit min-destens zwei beschreibenden Angaben charakterisiert, die Frau selbst mit dreien: *schlank, elegant, jung*. Viermal setzt der Autor zu-dem auffällige Inversionen ein (*hellrosa glänzte, schräggeschnitten waren…*), die offenbar anspruchsvollen literarischen Stil anzeigen sollen. Es sind die Angaben in dieser kumulativen und anspruchsvollen Form, die den Effekt des Klischees hervorrufen, nicht die Situation selbst. Der Satz »Hinter einem Schreibtisch erhob sich eine junge Frau« wird wohl intuitiv nicht als klischeehaft wahrgenommen.

Mit diesen Angaben will der Erzähler das plastische Bild einer Frau von außergewöhnlicher, ›aparter‹ Schönheit erzeugen, also gerade nicht eine durchschnittliche Schönheit schildern. Der Mund ist nicht nur rosa, sondern »hellrosa«. Diese Absicht des Erzählers läßt sich auch aus der Häufung der Angaben schließen. Er will das Bild einer besonderen Frau erzeugen – und beschreibt sie nach den Merkmalen eines *Musters*, wie nämlich ›aparte Frauen‹ auszusehen haben. Das Mittel, das der Erzähler zur Charakterisierung einer individuellen Schönheit wählt, entindividualisiert diese Frau. Das Authentische einer individuellen Person, das diese Angaben doch herausstellen wollen, erscheint als Reproduktion eines Musters. Die Figur soll individualisiert werden, die Durchführung der Absicht entindividualisiert. Das Moment von Ironie, das in »die Dame« steckt, soll allerdings nicht übersehen werden. Es enthält ein Distanzmoment gegenüber dem Muster ›aparte Schönheit‹.

Das Muster der aparten Schönheit läßt sich auch erläutern als eine Konvention. Sie ist zwar nicht so verbindlich wie die Konvention des Grüßens, hat aber doch in der Vorstellungswelt der Gesellschaft eine allgemeine Geltung. Simmel kann damit rechnen, daß der Leser die Intention der Textpassage nach diesem Muster als ›Beschreibung einer aparten Frau‹ wahrnimmt.

Das Besondere erscheint daher nicht als eine besondere Individualität, sondern als Erfüllung eines besonderen Typus, des Typus der aparten Frau, nicht als etwas Einmaliges, sondern als eine Reproduktion, eben als ein Klischee. Dies ist, wie der Kontext nahelegt, bei Simmel eine kalkulierte Schreibstrategie, um besser wirken zu können. Wenig später heißt es:

Dieser Typ, dachte er, beträgt sich immer gleich. Abweisend. Kühl. Überheblich. Aber wenn man ihn dann näher kennenlernt – dann gibt's kein Halten mehr!

Dies wäre wieder ein Klischee: außen kühl, innen wilde Leidenschaft. In allen seinen Romanen verwendet Simmel (vermutlich) bewußt solche konventionalisierten Bilder, um eine gesellschaftspolitische Botschaft zu vermitteln.

Im Blick auf dieses Beispiel können folgende Eigenschaften als konstitutiv für das Klischee gelten: Die Intention, etwas Besonderes, Neues und Einmaliges, Gesuchtes und Gewähltes, kurz Originelles zu sagen, und die ungewollte Verwirklichung einer Konvention. Aus der Diskrepanz zwischen Intention und Konvention entsteht dann der Effekt des Klischees. Als dritte Eigenschaft käme noch hinzu, daß diese Diskrepanz dem Sprecher (dem Erzähler, dem Autor) nicht bewußt sein darf oder nicht bewußt ist. Dem Leser muß sie allerdings bewußt sein. Bei Simmel liegt diese Diskrepanz zwischen der Erfüllung eines Typs und dem Kontext, der die Beschreibung der Frau als etwas Besonderes und Einmaliges herausstellt.

Diese Diskrepanz unterscheidet das Klischee vom Gruß oder auch vom *Sprichwort* und der *Sentenz*, in denen die Intention auf die Erfüllung und Bestätigung einer Konvention zielt. Im Vergleich zum Sprechakt des Grußes könnte man dann sagen: Je geringer die performative Funktion des Sprechaktes, je größer seine Funktion als Ausdruck eines Besonderen, desto leichter kann ein sprachlicher Ausdruck zum Klischee werden.

Die Diskrepanz zwischen *Intention auf Originalität* des Ausdrucks und *konventioneller Erfüllung* könnte allerdings auch das Stereotyp charakterisieren, charakterisiert es aber nicht immer. Zur Äußerung eines Stereotyps, eines Vorurteils kann geradezu die Lust gehören, ein Stereotyp, ein Vorurteil zu äußern, um sich mit der schweigenden oder lauten Mehrheit in Übereinstimmung zu fühlen.

Was das Klischee vom Stereotyp unterscheidet, ist sein ästhetischer Anspruch. Beim Klischee ist der Leser oder Zuhörer auch auf eine sprachliche Form eingestellt. Diese Einstellung wird provoziert durch die Eigenschaft des Textes, sprachlich anspruchsvoll, sprachlich ›schön‹ zu sein. Das Klischee will auch in seiner sprachlichen Form originell und etwas Besonderes sein. Häufig soll dabei auch noch Bildung demonstriert werden, z. B. in der beliebten Formulierung, irgend etwas sei das »Mekka« für irgend etwas.

Epitheta ornantia, Formeln

Die Häufung von charakterisierenden Angaben (*enumeratio, conge-ries*) ist ein wesentliches Stilmittel in der Lyrik des Barock. Sie zielt jedoch nicht auf das Individuelle und Originelle, sondern auf den allgemeinen Typus oder auf etwas Allgemeines im Individuellen. Das Originelle soll nur darin liegen, wie dieser Typus realisiert wird. Originalität lag nicht im Bruch mit der Tradition, sondern in ihrer ungewöhnlichen, überraschenden Fortsetzung. Die ungewöhnliche Formulierung, so lehrte antike Rhetorik, prägt sich dem Gedächtnis besser ein. (Vgl. *Ad Herennium* III, XXII.).[10] Allerdings findet sich schon in Scaligers *Poetices libri septem* (Sieben Bücher von der Poetik) von 1561 der Satz: »Summa enim laus in Poetica, novitas.« (Das höchste Lob in der Poesie kommt der Neuheit zu.) Dieser Satz zielt wohl schon auf die Auflösung des Zusammenhangs von Tradition und Neuheit. Bewußt versteht sich das barocke Gedicht als Literatur aus der Tradition. Hofmann von Hofmannswaldau verwirklicht mit seinem Gedicht *Beschreibung vollkommener Schönheit* das Muster der Liebeslyrik von Petrarca (14. Jahrhundert). Auch hier wird die Schönheit entindividualisiert, aber auf ganz andere Weise als bei Simmel. Hier geschieht es mit typisierender Absicht.

Beschreibung vollkommener Schönheit.

Ein Haar so kühnlich Trotz der Berenice spricht.
Ein Mund, der Rosen führt und Perlen in sich heget.
Ein Zünglein, so ein Gift von tausend Herzen träget.
Zwo Brüste, wo Rubin durch Alabaster bricht.
Ein Hals, der Schwanen-Schnee weit weit zurücke sticht.
Zwei Wangen, wo die Pracht der Flora sich beweget.
Ein Blick, der Blitze führt und Männer niederleget.
Zwei Arme, deren Kraft oft Leuen hingericht.
Ein Herz, aus welchem nichts als mein Verderben quillet.
Ein Wort, so himmlisch ist, und mich verdammen kann,
Zwei Hände, deren Grimm mich in den Bann getan,
Und durch ein süßes Gift die Seele selbst umhüllet.
Ein Zierrath, wie es scheint, im Paradies gemacht,
Hat mich um meinen Witz und meine Freiheit bracht.

Eine vergleichbar typisierende Funktion haben die *epitheta ornantia*, die schmückenden Beiwörter, in den Homerischen Epen oder die *Formeln* in Volkslied und Ballade, überhaupt in mündlicher Dichtung. Hier, wie zum Beispiel in *der schnellfüßige Achilleus* oder *grüne Heid* (Volkslied) oder *Es war einmal ...* (Volksmärchen, Volkslied), wird ein typisches Merkmal intendiert.[11] Epitheta ornantia und Formeln sind feste, auf Wiederholung hin angelegte Ausdrücke. Da es hier keine Diskrepanz zwischen Intention und konventioneller Ausführung gibt, kann man auch nicht von einem Klischee oder einem Stereotyp reden. Charakteristisch für romantische Prosa z. B. bei Eichendorff und E. T. A. Hoffmann ist ein Repertoire von formelhaft verwendeten Ausdrücken wie z. B. *Dämmerung, Garten, Wald, Nacht, Mond, Musik, Sterne, seltsam, wunderlich.*[12] Bewußt werden diese Ausdrücke als Signalwörter einer romantischen Welt eingesetzt. Sie sollen nicht Individuelles, sondern ›Romantisches‹ evozieren. Auch diese Formeln werden vom Klischee durch die bewußte Verwendung abgegrenzt. Diese Grenze ist nicht undurchlässig.

Beim Klischee zielt also der Sprecher auf etwas Besonderes, Einmaliges, sprachlich Schönes, will vielleicht auch Bildung zeigen, etwas spürbar Gewähltes, und führt tatsächlich und unwissentlich eine banale Reproduktion eines Musters aus, wie in den Beispielen »pulsierende Stadt«, »brausender Verkehr«, »Häusermeer«, »brandender Lärm«. Daher der peinlich-lächerliche Eindruck, den das Klischee macht. Der Leser erlebt, wie etwas Besonderes, Einmaliges und sprachlich Anspruchsvolles prätendiert und ein immer Gleiches, ein längst ›Abgegriffenes‹ reproduziert wird. Weil es ›abgegriffen‹ ist, paßt es auch nicht mehr. Der Urheber des Klischees erscheint dem Leser als ein Scheiternder, in seinem Verhältnis gegenüber der Sprache und der Welt als unfrei. Das Klischee vermittelt den Eindruck eines Zwangs, weil der Urheber sich nicht davon befreien kann, wovon er sich befreien will – und auch noch glaubt, sich befreit zu haben. Klischees kommen nicht nur, aber besonders häufig in der Literatur vor, da Literatur die besondere Formulierung sucht.

Wenn man den Effekt des Klischees aus einer Diskrepanz zwischen der Intention auf Originalität und anspruchsvolle sprachliche Form und der unbeabsichtigten Realisierung einer Konvention erklärt, dann ließe sich auch eine *Typologie* aufstellen: Auf der einen Seite stünden konventionalisierte Ausdrücke, zu denen auch der Gruß gehört. Auf der anderen Seite stünden exzeptionelle Ausdrücke, zum Beispiel eine kreative Metapher, eine originelle Formulierung. Dazwischen stünde das Klischee und die konventionelle Metapher. Konventionelle Metaphern wie zum Beispiel »brausender Verkehr«, »Häusermeer«, »Dschungel der Stadt« wirken fast immer als Klischees. Sie werden nicht mehr als neu empfunden, sind aber noch nicht lexikalisiert, wie zum Beispiel die ursprünglich übertragene Bedeutung von Stereotyp und Klischee selbst.

Der Vergleich des barocken Gedichts mit den Beispielen aus Simmel und Maron führt noch auf andere Merkmale des Klischees. Das Klischee will eine *sinnliche*, bei Simmel sogar eine *synästhetische* Qualität erzeugen. Das Klischee zielt auf die Vorstellung eines Bildes mit einem geradezu aufdringlichen Ausdrucks- und Gefühlswert. Es will auch in diesem Sinne ästhetisch wirken. Die Bilder im Gedicht Hofmannswaldaus haben hingegen ihren Ort in einer rhetorisch-argumentativen Struktur, die mit dem sinnlichen auch einen intellektuellen Reiz ausüben soll. Sie appellieren an den »Witz« des Lesers. Das Klischee *emotionalisiert* und ›trägt‹, wie der treffende Ausdruck lautet, ›zu dick auf‹. »Brandender Lärm«, »brausender Verkehr«, »Häusermeer« sind, rhetorisch gesprochen, *Hyperbeln*, Überbietungen über die Glaubwürdigkeit hinaus. Deswegen wohl kommt es nicht zur Lexikalisierung, so oft sie auch gebraucht werden.

Originalität, Konvention, Massenfertigung

Es ist gewiß nicht zufällig, daß mit dem Fachwort für eine Technik der Reproduktion seit dem frühen 19. Jahrhundert ein literarisches Phänomen benannt wird. Wir sind jetzt im Zeitalter der massenhaften Verbreitung von Literatur, der Konfektionierung der literarischen Stoffe in Zeitschriften, Familienblättern und Büchern. Fontane kann z. B. Ende des Jahrhunderts (an Mete Fontane, 25.7.1891) vom »Novellenkattun« reden, der nach dem immergleichen Webschema fabriziert werde: »Grete liebt Hans, aber Peter war dreister und so hatte Hans das Nachsehen.« Diese Konfektionierung der Literatur traf so tief, weil sie das geltende literarische Prinzip der Originalität, d. h. auch Individualität, Nicht-Reproduzierbarkeit, Nicht-Kopierbarkeit des Werkes auflöste.

Die Ablösung des Prinzips der Tradition durch das Prinzip der Originalität vollzog sich im 18. Jahrhundert. Mit dieser Ablösung einher geht die Erfahrung einer sich verändernden und sich beschleunigenden Zeit. Sie führt zur Aufwertung des Neuen gegenüber dem Alten und macht das Neue sogar zur Mode für das nun entstehende Massenpublikum. Zuerst in England wurde seit Anfang des 18. Jahrhunderts Originalität zunehmend als Gegenbegriff zur und als Bruch mit der Konvention verstanden. (Freilich bedeutet Originalität in der literarischen Praxis nicht so sehr das Gegenteil von Konvention als einen innovativen Umgang mit der Konvention und Tradition. Das Neue ist immer relativ zum Alten, und sei es, daß es sich im Kampf, als »Reaktion«[13] gegen das Alte versteht.[14]) Natürlich gab es eine Spannung zwischen Konvention und Originalität schon früher. Offenbar wurden, wie das *Sonett 130* von Shakespeare nahelegt, Stilelemente der petrarkistischen Liebeslyrik bereits als klischeehaft empfunden:

> My mistress' eyes are nothing like the sun;
> Coral is far more red, than her lips' red;
> If snow be white, why then her breasts are dun;
> If hairs be wires, black wires grow on her head.
> I have seen roses damask'd, red and white,
> But no such roses see I in her cheeks;
> And in some perfumes is the more delight
> Than in the breath that from my mistress reeks.
> I love to hear her speak, yet well I know
> That music hath a far more pleasing sound;
> I grant I never saw a goddess go –
> My mistress when she walks treads on the ground.
>> And yet, by heaven, I think my love as rare
>> As any she belied with false compare.

Edward Young empfahl in seinen *Conjectures on Original Composition* von 1759 dem Künstler, von der »Heerstraße« abzugehen und dem eigenen »Pfad« zu folgen, um so seine Originalität auszubilden.[15] Das Genie, wie dieser neue, nonkonformistische Künstlertyp genannt wurde, ist das ganz und gar Individuelle, also auch Einmalige. In *Die Leiden des jungen Werthers* (1774) apostrophiert der genialische Werther Lotte mit »Engel« und kritisiert dies sogleich als Verrat der Einmaligkeit: »Pfui, das sagt jeder von der seinigen.« (16. Juni)

In der ästhetischen Debatte in England und Deutschland galt Shakespeare als das Paradigma des genialen Künstlers, die französische Kunst, besonders Corneille, als Paradigma künstlicher, schablonenhafter Konventionen.[16] Von nun an herrschte das Prinzip, daß die Sprache des Künstlers originell sein müsse, von nun an erwartete der Rezipient von der Kunst Originalität. Die Literatur, die sich an der Konvention orientiert, wurde als *Trivialliteratur* oder als *Schemaliteratur* von der eigentlichen abgetrennt.

Vor dem Hintergrund dieser Verpflichtung der hohen Kunst auf Originalität und der Erwartung von Originalität wird erst die Existenz und Erfahrung eines Klischees möglich. Die Wahrnehmung des Klischees setzt die Geltung des Prinzips der Originalität voraus. Sie setzt die Absicht voraus, originell sein zu wollen. Die Rezeption von Literatur vollzieht sich in einer kommunikativen Situation, die nun durch die Erwartung von Originalität (und natürlich auch durch die Erwartung einer Bestätigung von Konventionalität) bestimmt ist. Im Klischee ist für den Rezipienten der Versuch mißglückt, originell und etwas Besonderes zu formulieren.

Die Wahrnehmung eines Klischees setzt ein entwickeltes literarisches und sprachliches Bewußtsein voraus. Sie setzt nicht voraus, daß wir seine früheren Verwendungen genau angeben müßten. Vielmehr haben wir das eher diffuse Bewußtsein: So oder so ähnlich haben wir das schon oft gelesen, so oder ähnlich wird dies immer gesagt, mit dem Anspruch, etwas Originelles und Neues zu sagen. Klischees sind uns vertraut. Dem großen Regisseur Kortner zufolge steckt in uns allen ein Abonnent.

Empirische Untersuchungen zur Wahrnehmung von literarischen Klischees bei Schülern[17] legen den Schluß nahe, daß Texte mit einem starken Anteil an Klischees von den Rezipienten unabhängig von ihrer literarischen Vorbildung übereinstimmend als klischeehaft charakterisiert wurden. Man kann vermuten, daß die Diskrepanz von Intention und Konvention für diese Rezipienten aus dem Kontext deutlich hervorging. Im Einzelfall wird die Wahrnehmung von

Klischees abhängig sein vom literarischen Bewußtsein, das nicht gleich bleibt und ist.

Klischee und Topos

Daher sollte man zur terminologischen Klärung den Begriff des Klischees für die literarische Epoche seit dem 18. Jahrhundert reservieren und für schematische Ausdrucksformen in der Literatur vorher den Begriff des *Topos* oder *Gemeinplatzes* gebrauchen.[18] Die Rhetorik hatte eine Lehre von den *Merkplätzen* (lat. *locus*, gr. *topos*) entwickelt. Merkplätze deswegen, weil man sich das Gedächtnis als einen Raum mit vielen Plätzen vorstellte. An diesen Plätzen lagern z. B. wiederholbare Fragen (Wer? Was? Wo? Womit? Warum? Wie? Wann?), Redensarten (*Was sein muß, muß sein*), wiederholbare Argumente und Bilder, wie z. B. das Bild vom Gedächtnis als Schatzkammer oder vom Adler für das ganze *Johannes-Evangelium*.[19] Der locus ist ein *locus communis*, weil er allgemein gilt. Im 18. Jahrhundert wurde locus communis mit Gemeinplatz übersetzt, ein Platz, der gewissermaßen von allen betreten werden kann. Der Gemeinplatz wurde mit dem Bewußtsein verwendet, eine Tradition fortzusetzen und zu erfüllen.

Tout est dit

Die sogenannte hohe Literatur ist freilich das Problem des Klischees nicht losgeworden. Sie kann auf Formen der Wiederholung nicht verzichten und wird dadurch anfällig für Klischeebildungen. Anders als Edward Young dachte, hat zwar das Genie vielleicht keine Vorgänger und vielleicht nur Nachfolger, aber im Bewußtsein der Wirkungsgeschichte kann rückwirkend das Original zum Nachfolger seiner selbst werden. Der Autor kann von seiner eigenen Wirkungsgeschichte eingeholt werden, so daß er von ihr nicht mehr zu unterscheiden ist. Unversehens wirken seine Sätze als Klischees. Wer könnte dies genau unterscheiden? Ein solcher Fall liegt zum Beispiel in Paul Celans berühmtem Gedicht *Todesfuge* vor. Der Mann aus Deutschland mit den »blauen« Augen, der abends Briefe an Margarete mit den »goldenen« Haaren schreibt, der die Musik liebt, der die »Rüden« herbeipfeift und ein »Eisen« trägt, mit dem er tötet:

Ist dies ein Klischee oder zitiert dies ein Klischee? Oder ist dies ein Klischee geworden?

Schließlich wird in der Literatur seit der Romantik der Verdacht laut, das Originelle sei selbst ein Klischee. Immer wieder findet sich in der Literatur des 19. Jahrhunderts das Diktum von La Bruyère zitiert, daß alles schon gesagt sei: »Tout est dit.«[20] Hölderlins Freund Christian Ludwig Neuffer schreibt z. B. 1793 an Hölderlin: »Ich verstehe die einfältige Klage nicht, man könne in unsern Zeiten nichts neues mehr sagen. Homer und Ossian hätten vielleicht den nämlichen Ton anstimmen können. Es gibt noch unentdeckte Gegenden in dem Gebiete der Dichtkunst ... Laß uns auf unversuchten Bahnen sie entdecken.«[21] »So lange wir noch an Bildung wachsen«, schreibt Friedrich Schlegel zu Anfang seiner Charakteristik *Über Lessing* (1797), muß man der »gewöhnlichen Behauptung: es sei schon alles gesagt«, die Behauptung entgegensetzen: »Es sei eigentlich noch nichts gesagt; nämlich so, daß es nicht nötig wäre, mehr, und nicht möglich, etwas Besseres zu sagen.«[22]

Wie das Beispiel von Flaubert und Fontane zeigt, reflektiert die Literatur nicht nur die Klischeeanfälligkeit der Gesellschaft, sondern auch die Klischeeanfälligkeit der Kunst selbst. Bei ihnen wie auch bei anderen Autoren des 19. Jahrhunderts[23] kommt es zu einer Aufmerksamkeit auf das Klischee in sprachkritischer und gesellschaftskritischer Absicht. An Hermann Hettner schreibt Keller (26.6.1854), daß alle »guten Genres« von jeher dagewesen seien »und nichts Neues unter der Sonne«. Es gibt »keine individuelle souveräne Originalität und Neuheit im Sinne der Willkürgenies und eingebildeten Subjektivisten ... Neu in einem guten Sinne ist nur, was aus der Dialektik der Kulturbewegung hervorgeht.« Neu ist das Alte unter veränderten historischen Bedingungen. Keller versteht Kultur als ein Archiv von Bildern, Sujets und Figuren, die durch historische Konstellationen je aktualisiert werden.

Die Autoren des 19. Jahrhunderts benützen Klischees zu vielfältigen Zwecken, zur Charakterisierung von Personen und Gefühlen mittels des entlarvenden Zitats, zur Darstellung des Bruchs zwischen Individualität und Konventionalität, zur Darstellung des scheiternden Versuchs, z. B. in *Madame Bovary* und *Effi Briest*, das individuelle Leben als ein Besonderes, wie in und nach der Literatur, zu leben.

Bestimmte Fülle: Vieldeutigkeit

Irgendwann kommt ein Satz, der Ihnen zusagt. Entweder weil er vieldeutig ist, und Sie können sich Gedanken machen. Oder weil er eindeutig ist. Bei mir finden Sie beides. Für jeden etwas.

Schädlich

Mit den folgenden Überlegungen möchte ich den literaturwissenschaftlichen Begriff der *Vieldeutigkeit* zu klären versuchen und das Problembewußtsein bei seiner Verwendung schärfen. Ich plädiere dabei für das Konzept einer *Vieldeutigkeit in Grenzen*.

In der modernen Literaturtheorie hat Vieldeutigkeit den Status eines theorieleitenden Paradigmas. Ambiguität, Mehrdeutigkeit, Unbestimmtheit, Polysemantik, Polyvalenz, ›offene‹ oder ›plurale‹ Bedeutung werden mehr oder minder als äquivalente Begriffe gebraucht. Joyce, Kafka und Beckett werden immer wieder als Beispiele für dieses Paradigma herangezogen.[1]

Aus diesem Paradigma folgt die Lehre vom notwendigen *Pluralismus der Interpretationen*. Weil das Kunstwerk vieldeutig und jede Interpretation notwendig subjektiv begrenzt ist, kann nur ein in die Zukunft offener Pluralismus der Interpretationen dem Kunstwerk entsprechen. In radikaler Formulierung behandelt die Lehre des Interpretationspluralismus alle Interpretationen als gleich berechtigt. Angesichts der »unerschöpfliche(n) Tiefe der Kunst« können für Emil Staiger abweichende Interpretationen gleich »wahr« sein, da jeder Interpret nur das sehen kann, was ihm »persönlich zu sehen vergönnt« ist.[2]

Das Vieldeutigkeitsparadigma ist kein Ergebnis des 20. Jahrhunderts. Es hat seinen Ursprung in der ästhetischen Diskussion des 18. Jahrhunderts. Hier werden seine beiden Versionen, die strukturelle Vieldeutigkeit und die unterschiedliche Verstehbarkeit eines Kunstwerks, entwickelt, die dann in der Ästhetik und Poetik der Klassik und Romantik programmatisch ausformuliert werden.[3] Staigers Formel von der »unerschöpflichen Tiefe« der Kunst läßt sich in diesem Diskussionszusammenhang ebenso finden wie die anderen einschlägigen Formeln des Paradigmas ästhetischer Vieldeutigkeit, z. B. »vielsagend«, »vieldeutig«, »unnennbare Gedankenfülle«, »unendliche Fülle«, »viel zu denken veranlassen«, »unendliche Bestimmbarkeit«, »unerforschliche Tiefe«, »Geheimnis«, »Unbegreiflichkeit«, »unerschöpflich«, »tief«, »unbegreiflich«, »abgründig«, »rätselhaft«, »lebendig«.

Ästhetische Fülle

Im 18. Jahrhundert entsteht die moderne Ästhetik als Lehre vom Schönen. Alexander Gottlieb Baumgarten, auf den die moderne Bedeutung von Ästhetik zurückgeht, begründete in seiner *Aesthetica* (1750) ästhetische Erfahrung auf der Evidenz sinnlicher oder anschauender Erkenntnis.[4] Sinnlicher Erkenntnis wird als Analogie der Vernunft eine eigene, authentische Erkenntnis zugeschrieben. Den Sinnen kann vertraut werden, weil man der sinnvollen Ordnung der Welt vertrauen kann. In seiner von Leibniz und Wolff inspirierten Theorie wird das Kunstwerk durch seine Individualität und durch die Fülle seiner Eigenschaften (*ubertas aesthetica:* ästhetische Fülle oder ästhetischer Reichtum, Überfluß, *Aesthetica,* § 115) bestimmt. Das Kunstwerk enthält eine *venusta plenitudo* (*Aesthetica,* § 585), d. h. eine schöne, anziehende, reizende Fülle von Eigenschaften. Diese Fülle der Eigenschaften vermittelt eine *sinnliche Erkenntnis (cognitio sensitiva),* eine *cognitio clara et confusa,* eine klare *und* vielsinnige oder vieldeutige oder vielfältige und auch zusammenhängende Erkenntnis, wie zu übersetzen ist (konfus kommt von lat. *confundere*: zusammengießen, vermischen, verbinden, dann auch: verwirren). Diese Lehre von der Fülle des Kunstwerks hat eine lange rhetorische Tradition. Seit der Antike wird vom Redner oder Dichter die Fähigkeit verlangt, seiner Rede Fülle (*copia verborum)* zu verleihen.[5] Das heißt nicht, viele Worte machen, sondern viel mit Worten sagen. Dies kann man gerade mit wenigen, treffenden Worten! Sein für die *copia* -Lehre so einflußreiches Lehrbuch *De duplici copia verborum ac rerum commentarii duo* (Zwei Abhandlungen über die Fülle der Wörter und Sachen, zuerst 1512) beginnt Erasmus von Rotterdam mit dem Satz: »Es gibt nichts

Bewunderungswürdigeres und Großartigeres als eine Rede, welche in einer reichen Fülle der Sätze (Sentenzen) und Wörter, einem goldhaltigen Fluß gleich, überfließt«. (»Ut non est aliud vel admirabilis, vel magnificentius quam oratio, divite quadam sententiarum verborumque copia, aurei fluminis instar, exuberans.«)

Prägnanz

Im Gegensatz zur Eindeutigkeit begrifflicher Abstraktion ist die reiche, komplexe sinnliche Erkenntnis eine »perceptio praegnans«, eine »vielsagende Vorstellung«. *Perceptio praegnans* wäre zu übersetzen als: eine klare, umrissene, dichte Vorstellung, die viele Merkmale in sich enthält, die also ›bedeutungsschwanger‹ ist (lat.: praegnans: schwanger, trächtig). Sie ist ›schwanger‹ mit zukünftigen, gegenwärtig noch nicht absehbaren oder erkennbaren Bedeutungen. Akzentuiert wird dabei auch das Moment des Lebhaften, Bewegenden und Eindrücklichen dieser Vorstellungen. Baumgarten verweist auf die rhetorische Tradition, wenn er Ausdrücke mit vielsagenden Vorstellungen auch als »emphatische« (§ 517) Ausdrücke bezeichnet. Ein *emphatischer Ausdruck* ist ein Ausdruck, in dem mehr impliziert als gesagt wird (z. B. *er ist ein Mensch*: er ist ein schwacher, irrender, unwissender usw. Mensch). Ein Synonym für vielsagende, prägnante oder emphatische Ausdrücke waren im 18. Jahrhundert auch *sinnreiche* Ausdrücke. Auch dieser Begriff war der Poetik und Rhetorik des 17. Jahrhunderts schon vertraut.[6]

Im Konzept der prägnanten Vorstellung ist das Hauptkriterium ästhetischer Struktur in der Folgediskussion angelegt: Die Einheit in der Vielheit. Baumgartens Formel dafür lautet: »Ordo plurium in uno« (Die Ordnung vieler Dinge in einer Einheit, *Metaphysica*, 1779, § 89).

Der Baumgarten-Schüler Georg Friedrich Meier schreibt: »Ein ästhetisches Zeichen muß reich und fruchtbar seyn, indem es nicht nur selbst viel in sich enthält, sondern auch viel bedeutet« (*Auszug aus den Anfangsgründen aller schönen Künste und Wissenschaften*, 1748, § 281). Er gebraucht für prägnante Ausdrücke auch die Metapher des *Körnigen*, d. h. des Gediegenen, Geprägten. (Eine Münze von ›Schrot und Korn‹ war eine gut geschnittene und geprägte schwere Münze): »Dergleichen Begriffe, die gleichsam trächtig sind, verursachen das Körnigte in unseren Gedancken. So ofte man dieselben überdenckt, entdeckt man was neues in ihnen, welches man vorher noch nicht wahrgenommen und man muss gleichsam in der Geschwindigkeit einen weitläufftigen Commentarium über sie machen. Indem sie uns vieles mit einemal vorstellen, so geben Sie uns eine weite Aussicht.« (Meier, 1748, §125)

Um noch ein Beispiel aus der zeitgenössischen ästhetischen Diskussion anzuführen: In *Laokoon* (1766) fordert Lessing, daß der Künstler in der Darstellung einen Augenblick wähle, der »fruchtbar« genannt werden könne, weil in ihm das Sehen neues Denken und das Denken neues Sehen hervorbringe:

> »*Kann der Künstler von der immer veränderlichen Natur nie mehr als einen einzigen Augenblick … brauchen; sind aber ihre Werke gemacht, nicht bloß erblickt, sondern betrachtet zu werden, lange und wiederholter maßen betrachtet zu werden: so ist es gewiß, daß jener einzige Augenblick und einzige Gesichtspunkt dieses einzigen Augenblickes, nicht fruchtbar genug gewählet werden kann. Dasjenige aber nur allein ist fruchtbar, was der Einbildungskraft freies Spiel läßt. Je mehr wir sehen, desto mehr müssen wir hinzu denken können. Je mehr wir darzu denken, desto mehr müssen wir zu sehen glauben*«.[7]

Ästhetisches Zeichen, natürliches Zeichen

Weniger originell als Baumgartens Aufwertung der sinnlichen Erkenntnis als Analogie der Vernunft, aber doch wichtig und folgenreich war seine Analogisierung des Kunstwerks (des ästhetischen Zeichens) mit dem Naturgegenstand (dem natürlichen Zeichen). Damit konnte er sich auf einen alten poetologischen Topos berufen, in dem Kunst als »altera natura« (andere Natur) begriffen wurde (vgl. z. B. Julius Caesar Scaliger, *Poetices Libri Septem*, Sieben Bücher von der Poetik, 1561, I, 1).[8] Denn auch die Gegenstände der Natur sind Gegenstände der sinnlichen, anschauenden Erkenntnis und daher ebenfalls charakterisierbar durch komplexe Fülle und Klarheit. Natur und Kunst verhalten sich in ihrer Produktion und in ihren Produkten vergleichbar: »Natura et poeta producunt similia.«

(Die Natur und der Dichter bringen Gleichartiges hervor. Baumgarten, *Meditationes philosophicae de nonnullis ad poema pertinentibus*, Philosophische Betrachtungen über einige Bedingungen des Gedichts, 1753, § 110).

Auch diese Orientierung an der inneren Fülle und klaren Ordnung des natürlichen Zeichens leitet die ästhetische Diskussion bis in die Epoche um 1800.[9] Das ästhetische Zeichen erhält die Dignität des natürlichen Zeichens. Das, nach der semiotischen Terminologie des 18. Jahrhunderts, eigentlich künstliche, willkürliche Zeichen der Sprache wird in seiner ästhetischen Form ›naturalisiert‹, nach modernem semiotischem Sprachgebrauch: motiviert. Das ästhetische Zeichen wirkt in seinem Zusammenhang, seiner Fülle und Faßlichkeit wie ein unmittelbar gegebenes ›Ding‹.[10] Als solches ›Ding‹ erscheint das Kunstwerk auch unabhängig von der Verfügung der Subjektivität des Künstlers wie des Rezipienten. Blumenberg macht darauf aufmerksam, daß hermeneutische Vieldeutigkeit des Kunstwerks und sein ästhetischer Dingcharakter sich wechselseitig bedingen. Denn die Vieldeutigkeit demonstriert geradezu die Unverfügbarkeit des Kunstwerks.[11]

Das Kunstwerk als Welt

Im Ausgang von Leibniz' (1646–1716) Lehre von den möglichen Welten, von denen diese Welt die beste ist, wird das Kunstwerk als Verwirklichung einer möglichen Welt verstanden. Der Begriff der *Welt* wird nun auch auf das Kunstwerk angewendet. Wie Gott aus dem Möglichen die eine zu schaffende Welt wählte, wählt der Künstler aus dem Möglichen die Welt des Kunstwerks. Für Christian Wolff (*Vernünftige Gedanken von Gott, der Welt und der Seele des Menschen …,* 5. Aufl. 1733, § 571) gilt der Roman als »Erzehlung von etwas, was so in einer anderen [d. h. in einer möglichen] Welt sich zugetragen.« Da der Dichter gewissermaßen ein »Macher und Schöpfer« sei (»poetam quasi factorem sive creatorem esse«), müsse seine Dichtung gewissermaßen als eine »Welt« (»quasi mundus«) verstanden werden. (Baumgarten, 1753, § 68). Durchgängig redet Baumgarten in seiner *Aesthetica* (bes. § 595 ff.) von der »Welt« (»mundus«) der Dichtung. In der *Critischen Dichtkunst* (1740) von

Johann Jacob Breitinger wird Dichtung als eine »Art der Schöpfung« beschrieben, daher kann das einzelne Werke eine »poetische(n) Welt« genannt werden.[12] Shakespeares Dramen sind für Herder »eine Welt dramatischer Geschichte, so groß und tief wie die Natur: aber der Schöpfer gibt uns Auge und Gesichtspunkt, so groß und tief zu sehen.«[13] Der Künstler versteht sich, nach einer Formulierung von Blumenberg, als Schöpfer »weltebenbürtiger Werke«.[14] Das Kunstwerk stellt eine Welt dar, in dem es sich als Welt verwirklicht. Es ist eine Welt im Kleinen, wie z. B. Goethes Roman *Wilhelm Meisters Lehrjahre* mit seinen Figuren, Handlungen und Schauplätzen.

Diese Ästhetik fordert vom Kunstwerk einen solchen Zusammenhang von Elementen, daß sie dem inneren Bedeutungsreichtum der Welt entsprechen könnte, um dadurch Welt darzustellen. Für die nachkopernikanische Epoche war diese Welt eine unendliche geworden. Denkbar ist diese Darstellungsleistung nur, wenn das Kunstwerk als endliche Gestalt potentiell unendlich viele Bedeutungen enthält. Begründet wird diese Bedeutungspotentialität durch die innere Funktionalität und Reflexivität der Teile im Zusammenhang des Werkes. Wie die Welt soll das Kunstwerk sich selbst darstellen. Es deutet nicht als Zeichen auf etwas anderes, es ist sich selbst Zeichen und Bezeichnetes und *insofern* Darstellung von Welt. Der unabsehbare Reichtum an innerer Funktionalität und Reflexivität gibt ein Maß ab für seine Schönheit. Im 79. Stück der *Hamburgischen Dramaturgie* schreibt Lessing: »Aus diesen wenigen Gliedern sollte er [der Dichter] ein Ganzes machen, das völlig sich rundet, wo eines aus dem andern sich völlig erkläret.« So kann das »Ganze dieses sterblichen Schöpfers ... ein Schattenriß von dem Ganzen des ewigen Schöpfers sein.«[15] Herder redet im ersten seiner *Kritischen Wälder* (1769) am Beispiel Homers vom »Kreisbild, wo ein Zug in den andern fällt, wo das Vorige zurückkehrt, um das Folgende zu entwickeln.«[16] Für Karl Philipp Moritz ist das Kunstwerk »im Kleinen ein Abdruck des höchsten Schönen im großen Ganzen der Natur« (*Über die bildende Nachahmung des Schönen*, 1788).[17] Die Struktur des Schönen reproduziert die Struktur der Welt, insofern »ein Theil immer durch den andern und das Ganze durch sich selber, redend und bedeutend wird« (*Die Signatur des Schönen*, 1788).[18] Das Schöne ist »Wahrheit im verjüngten [d. h. perspektivisch verkürzten] Maaßstabe«, wie es in *Die metaphysische Schönheitslinie* von

1793 heißt.[19] Damit übereinstimmend stellt für Hölderlin der Dichter die »Welt im verringerten Maaßstabe« dar, wie er 1804 in den *Anmerkungen zur Antigone* schreibt.[20]

Entsprechend der Welt-Metapher muß die Vieldeutigkeit des Kunstwerks potentiell unbegrenzt sein. Für Moritz enthält das Kunstwerk einen »Fonds von Anlässen zu Begriffen«, die zu erkennen »kein Leben hinreicht« (*Über die bildende Nachahmung des Schönen*).[21] Er beendet diese Abhandlung mit einem Satz, den man auf den ersten Blick erst dem 19. und 20. Jahrhundert zutraut, in dem z. B. Gottfried Benn in seiner Marburger Rede *Probleme der Lyrik* von 1951 drei Positionen »aus der französischen Schule einschließlich Poe« vorstellt: »Der eine sagt, der Gegenstand ist nur Mittel zum Zweck, der Zweck ist das Gedicht. Ein anderer sagt: ein Gedicht soll nichts im Auge haben als sich selbst. Ein dritter: ein Gedicht drückt gar nichts aus, ein Gedicht *ist*.«[22] Die beiden letzten Zeilen von Archibald Macleishs Gedicht *Ars poetica* lauten: *A Poem should not mean / but be.* Moritz identifiziert die Wirklichkeit des Kunstwerks mit der Wirklichkeit der Welt und naturalisiert das ästhetische Zeichen radikal: »Und von sterblichen Lippen, läßt sich kein erhabneres Wort vom Schönen sagen, als: es ist.«[23]

Die Konzeption des Kunstwerks als »Welt« läßt sich auch aus dem Theodizee-Problem des 18. Jahrhunderts begreifen: Wie ist die Existenz Gottes angesichts der Übel und Greuel der Welt zu rechtfertigen? Der funktionale Zusammenhang von Theodizee und Ästhetik mag die außerordentliche, ja metaphysische Bedeutung erklären, die die Kunst im 18. Jahrhundert gewinnt. Das Kunstwerk als Welt im verringerten Maßstab stellt die prinzipielle Ordnungs- und Sinnfähigkeit der Welt im Kleinen dar. Seine Vieldeutigkeit gewährt die Hoffnung, daß das, was als Übel auftritt, in einer anderen Deutungsperspektive eine positive Bedeutung oder wenigstens Wirkung erhalten kann.

Geist, esprit, génie

Zur Herausbildung des Konzepts der Vieldeutigkeit trug nun nicht nur die Orientierung an der Natur bei. Zu seiner Vorgeschichte gehört neben der rhetorischen *copia*-Lehre auch die Ausbildung der ästhetischen Bedeutung von *Geist*, von *esprit* und *génie*.[24] Die Poetiken des Barock waren sich darüber einig, daß ohne *poetischen Geist*, ohne *furor poeticus,* ohne »sinnreiche(n) Einfälle« und ein »geistreiches Gemüth« Dichtung nicht gelingen kann.[25] Vom Dichter wie vom Redner hatte die Rhetorik neben Beweglichkeit und Kreativität des Geistes eine an Formen und Bedeutungen »reichhaltige« Sprache verlangt (vgl. z. B. Cicero, *de oratore*, Vom Redner, 1, 25, 113 f.) Nach dem Vorbild der Bibelauslegung wurde auch Dichtung nach einem *vierfachen Schriftsinn* konzipiert,[26] z. B. im 17. Jahrhundert in Gedichten von Andreas Gryphius. Das neue Paradigma der Vieldeutigkeit hat sich von dieser theologischen Tradition allerdings gelöst. Es wird rhetorisch-ästhetisch begründet.

In der Genieästhetik des 18. Jahrhunderts konnten die Konzepte »Geist«, »Natur« und »Welt« ineinandergeblendet werden.[27] In Kants *Kritik der Urteilskraft* (1790) avanciert »Geist, in ästhetischer Bedeutung« zu einem ästhetischen Schlüsselbegriff. Im § 49 heißt es:

> *Geist, in ästhetischer Bedeutung, heißt das belebende Prinzip im Gemüte ... Nun behaupte ich, dieses Prinzip sei nichts anderes als das Vermögen der Darstellung ästhetischer Ideen; unter einer ästhetischen Idee aber verstehe ich diejenige Vorstellung der Einbildungskraft, die viel zu denken veranlaßt, ohne daß ihr doch irgendein bestimmter Gedanke, d. i. Begriff, adäquat sein kann.*

Wenngleich Kants Bestimmung des Geistes in ästhetischer Bedeutung im Unterschied zu Baumgartens ästhetischer Fülle eine Bestimmung von Subjektivität ist, wird sie auch auf das ästhetische Objekt übertragen, denn auch Kunstwerke müssen von einem solchen »Geist ... belebt« sein, sollen sie ästhetisch überzeugen können. Sie müssen ›viel zu denken veranlassen‹!

Kritisch, als ein Verhängnis, behandelt Herder in seiner Schrift *Älteste Urkunde des Menschengeschlechts* (1774/76) den *esprit*. Herder versteht ihn als pars pro toto für Aufklärung. Ihn macht er für den Sündenfall verantwortlich. Der Sündenfall ist ein Fall in die Vieldeutigkeit. Die »zweizüngige« Schlange im Paradies hat Adam und Eva mit ihrem *esprit* verführt. Sie kann Bedeutungen vieldeutig machen. Mit dem Paradies verlieren Adam und Eva die Sicherheit der Bedeutungen. Alles ist nun der »Auslegung« ausgesetzt, die Gegenstände »schwanken«.[28]

Vieldeutig, Vieldeutigkeit

Das Substantiv *Vieldeutigkeit* oder das Adjektiv *vieldeutig* wird nach 1800, z. B. bei Tieck, Novalis und Hegel,[29] begrifflich fixiert. Wortgeschichtlich ist das Adjektiv älter. Nach Auskunft des *Grimmschen Wörterbuchs* ist ›vielbedeutend‹ oder ›vieldeutig‹ schon im 17. Jahrhundert als Synonym für ›tiefsinnig, nachdenklich, verstandreich‹, im 18. Jahrhundert dann noch für ›vielsagend, vielsinnig‹ nachgewiesen.

Das Adjektiv *vieldeutig* ist abgeleitet aus dem Verb *deuten*, das sowohl hindeuten, hinweisen und auslegen bedeuten kann. Die Deutung deutet hin. Die Semantik des Adjektivs verbindet daher eine immanente semantische Eigenschaft mit einem interpretativen Akt. Etwas ist vieldeutig, weil es auf vielfältige Weise gedeutet werden kann. Es kann auf vielfältige Weise gedeutet werden, weil es vieldeutig ist.

Ein eindringliches Beispiel für die romantische Formulierung des Vieldeutigkeitsparadigmas liegt in Friedrich Schlegels Rezension *Über Goethes Meister* von 1798 vor. Im Aufsatz *Über das Studium der griechischen Poesie* (1797) charakterisierte Schlegel die Sprache der Poesie als eine »vieldeutig unbestimmte(n)« Sprache. In der »bedeutend(en) und vielsagend(en)« Prosa des *Wilhelm Meister* entdecke der Leser einen unabsehbaren Reichtum von »innere(n) Beziehungen und Verwandtschaften«. Es ist ein selbstreflexives Werk, »durchaus organisiert(en) und organisierend(en)«, und kann daher eine »lebendige Individualität« genannt werden.[30] (Es ist klar, daß es der Leser ist, der diese Individualität zum ›Leben‹ bringt.) Und Schiller konnte über diesen Roman an Goethe (28.11.1796) schreiben: »Comisch genug ists, wie bey einem solchen Producte soviel Streit in ›den‹ Urteilen [gemeint sind die Urteile der Kenner] noch möglich ist.«

In den *Unterhaltungen deutscher Ausgewanderten* von 1795 kann sich Goethe auf diese Ausbildung des Vieldeutigkeitsparadigmas schon ironisch beziehen. Der Alte, der am Ende der *Unterhal-*

tungen der Gesellschaft das *Märchen* erzählt, leitet seine Erzählung ein mit den Worten: »Diesen Abend verspreche ich Ihnen ein Märchen, durch das Sie an nichts und an alles erinnert werden sollen.«

Goethes Person und Werk, vor allem sein Roman *Wilhelm Meisters Lehrjahre* (1795/96,) galten, wie aus Schlegels Rezension hervorgeht, den Zeitgenossen als die Paradigmen des Vieldeutigen.[31] Für ihn selbst liefert die Vieldeutigkeit des Kunstwerks ein Kriterium für dessen ästhetische Beurteilung, so im Gespräch mit Eckermann vom 6.5.1827: »Je inkommensurabler und für den Verstand unfaßlicher eine poetische Produktion, desto besser.«

Vieldeutigkeit als Resultat vieler Deutungen

Seit der Renaissance wird die Perspektivität der Wahrnehmung theoretisch bedacht und ästhetisch umgesetzt. Leibniz hat dafür den Begriff *point de vue*, übersetzt als ›Sehepunkt, Gesichtspunkt‹ eingeführt.[32] Jede Wahrnehmung ist perspektivisch, daher notwendig relativ. Wenn Perspektivität die Voraussetzung und Struktur von Wahrnehmung ausmacht, kann sie nicht mehr als Einwand gegen die Möglichkeit von Wahrnehmung dienen. Sie bestimmt aber die Wahrnehmung als eine von vielen möglichen, eine Deutung als eine von vielen möglichen. Das Bewußtsein perspektivischer Wahrnehmung nötigt dazu, das Objekt der Wahrnehmung, eine Handlung, ein Ereignis, ein Kunstwerk usw. als prinzipiell verschieden wahrnehmbar und verstehbar, als prinzipiell vieldeutig anzusehen. Jede Perspektive entdeckt etwas Neues. »Es würde für mich ein recht lebhaftes Vergnügen seyn«, schreibt der junge Wieland über Klopstocks *Messias*, »Beurtheilungen von verschiednen Kennern über den *Messias* oder dergleichen Werke, zu lesen. Es ist zu vermuthen, daß eine jede besondere Anmerkungen enthalten würde, und es würde dem Leser ein Vergnügen erschafft werden, das demjenigen ähnlich wäre, wenn uns einerley Figuren eines Gemähldes aus verschiednen Gesichtspunkten gezeigt werden.«[33] Selbst einander widersprechende Stimmen können, wie der Philosoph Friedrich Just Riedel 1768 feststellt, »in vielen Fällen zugleich alle Recht haben.«[34] Die Geschichtsschreibung, die Hermeneutik und die Literatur haben in der zweiten Hälfte des 18. Jahrhunderts die subjektive Perspektivierung zu ihren methodischen und künstlerischen Voraussetzungen gemacht. Vom Leser oder Betrachter wird diesem Paradigma der Vieldeutigkeit gemäß die Haltung des Verweilens, des lange und wiederholt Betrachtens, des Vor- und Zurückgehens, des probierenden, meditativen Durchdringens und Nachdenkens verlangt, um die vielfältigen Deutungsmöglichkeiten eines Kunstwerks erschließen zu können.

Den unterschiedlichen Gesichtspunkten entspricht die Offenheit des Kunstwerks. Wilhelm von Humboldt leitet aus dem Maß der Offenheit des Kunstwerks, d.h. seiner Fähigkeit, sich möglichst allen Perspektiven zu öffnen, das Maß seines ästhetischen Ranges ab. Über *Wilhelm Meister* schreibt er am 24.11.1796 an Goethe: »Das aber ist eigentlich, meiner Ansicht nach, das hohe Verdienst, das den ›Meister‹ zu einem einzigen Werk unter all seinen Mitbrüdern macht, daß er die Welt und das Leben, ganz wie es ist, völlig unabhängig von einer einzelnen Individualität und eben dadurch offen für jede Individualität schildert.« Die Offenheit des Romans erlaubt und fordert eine unbegrenzte Pluralität von Verständnisakten.

Formen und Grenzen der Vieldeutigkeit

Die moderne ästhetische Diskussion wird beherrscht von der fraglosen Geltung des Vieldeutigkeitsparadigmas. Literatur und Eindeutigkeit schließen sich demzufolge prinzipiell aus. Noch weiter geht der *Dekonstruktivismus* oder *Poststrukturalismus*. Er dementiert den Anspruch auf Deutbarkeit, den das Paradigma enthält. Gegen die Deutbarkeit setzt er die Unmöglichkeit von Deutungen. Jede Deutung demonstriert nicht eine je andere Deutung, sondern immer nur das eine: die Unmöglichkeit von Deutung.[35] Die Lehre freilich, daß jeder literarische Text die Unmöglichkeit aller Deutung demonstriere, behandelt den Text nach dem Modell heiliger Texte. Zu heiligen Texten gehört der Versuch, ihre Deutung zu verbieten.[36] Zur Reichweite, den Formen und Grenzen des Vieldeutigkeitsparadigmas nun einige Überlegungen:[37]

1. Man muß sich fragen, ob denn Vieldeutigkeit als Kriterium auf alle literarischen Texte zutrifft, z.B. auf Gebrauchsliteratur im

weitesten Sinn. Aufs Ganze gesehen ist der größte Teil der Literatur wohl didaktische, religiöse, erbauliche oder unterhaltsame Literatur. Solche Formen lassen sich nicht nur oder nur eingeschränkt nach dem Vieldeutigkeitsparadigma beschreiben, da sie die ästhetische Fülle zu Gunsten ihrer spezifischen Zweckbestimmungen zurückdrängen. Sie können, sollen aber nicht (immer) vieldeutig sein. Sie *können* vieldeutig sein, wie Lessings Fabel *Der Besitzer des Bogens* demonstriert. Der Text dieser Fabel ist vieldeutig, insofern er das Brechen des geschmückten Bogens auch auf die Literatur und ihre nützlichen und schönen Funktionen reflexiv zu beziehen auffordert, d.h. auf sich selbst als Text. Es erscheint daher sinnvoll, dieses Paradigma historisch und systematisch zu relativieren und von einem Kontinuum von relativen Eindeutigkeiten und Vieldeutigkeiten auszugehen, das historisch und gattungsspezifisch weitere und engere Vieldeutigkeitslizenzen enthält.

In diesem Kontinuum von Eindeutigkeiten und Vieldeutigkeiten wäre Vieldeutigkeit ein Grenzbegriff. Überdies ist Literatur nicht nur ›deutig‹, sondern auch imaginär, fiktiv, appellativ, sinnlich, unterhaltsam, belehrend, berauschend, spannend usw.

2. Man hat den Aufstieg des Vieldeutigkeitsparadigmas erklärt aus einem Aufstieg von »Polyvalenz und Polymorphie der lebensweltlichen Erfahrung selber«, so daß Kunst als jene »privilegierte Institution« gelten kann, »die uns das Bewußtsein dafür bewahrt, daß es viele Wahrheiten und also viele Welten gibt.«[38] Gegen diese Erklärung lassen sich allerdings Einwände formulieren. Gewiß fungiert neuzeitliche Kunst auch als Einübung in und Umgang mit Vieldeutigkeiten. Doch gibt es nicht nur in der neuzeitlichen Kunst Vieldeutigkeiten, wie ein Blick auf antike und mittelalterliche Kunst lehrt. Lebensweltliche Vieldeutigkeiten gab es schon immer. Auch die Jäger und Sammler mußten schon deuten. Man kann daran zweifeln, ob die Literatur wirklich die »privilegierte Institution« für das Bewußtsein vieler Welten und Wahrheiten ist. Wie ist es mit den Wissenschaften, z.B. der Geschichtswissenschaft? Johann Martin Chladenius, der in die Hermeneutik und Geschichtswissenschaft des 18. Jahrhunderts die Lehre vom »Sehepunkt« einführte,[39] hat in seiner *Nova philosophia* (Neue Philosophie) von 1750 das *ingenium*, d.h. die intellektuel-

le Begabung, als die Verbindung zweier Vermögen beschrieben: das Vermögen zu erfinden, zu denken, zu erdichten, sich etwas vorzustellen, und das Vermögen, eine Sache drehen und wenden zu können, sie aus verschiedenen Blickwinkeln zu betrachten (»versare rem animo«).[40] Diese Begabung gilt selbstverständlich auch für den Historiker oder den Philosophen.

Die These, Kunst bewahre auf eine privilegierte Weise das Bewußtsein, daß es viele Welten und Wahrheiten gebe, wirft noch eine andere Frage auf. Hinter ihr steht die von einer ganzen ästhetischen Tradition geteilte Überzeugung, Kunst sei vieldeutiger als die Lebenswelt. Ob es sich so verhält, erscheint mehr als zweifelhaft. Die Lebenswelt ist offener und daher möglicherweise vieldeutiger als die Welt des Kunstwerks. Für die nachkopernikanischen Zeitgenossen ist die Welt so unendlich, »daß schon die Kenntniß im Kleinen unerschöpflich zu sein scheinet, und es auch wirklich ist«, wie Buffon in seiner Abhandlung *Von der Art, die Historie der Natur zu erlernen und abzuhandeln* (dt.: 1750) schreibt.[41] Die metaphorische Identifizierung von Kunstwerk und Welt im 18. Jahrhundert wollte ja gerade die prinzipielle Vieldeutigkeit der Welt herausstellen. Darauf zielt auch die Bemerkung des Novalis: »Ein Gedicht muß ganz unerschöpflich seyn, wie ein Mensch«[42].

Die Welt des Kunstwerks ist eine geschlossene Welt. Ihre Gegebenheiten stehen für immer unveränderbar fest.[43] Im Unterschied z. B. zu realen Personen sind literarische Figuren festgelegt. Sie sind nur das, was von ihnen angegeben wird, nicht mehr. Dies kann komplex genug sein, doch ist eine reale Person immer komplexer, weil offener. Literarische Figuren haben keine Vergangenheit und keine Zukunft, genauer: Sie haben nur die Vergangenheit und Zukunft, die ausdrücklich angegeben wird. Reale Personen nehmen wir mit dem Bewußtsein ihrer Vergangenheit, ihrer Zukunft und möglicher alternativer Lebensverläufe wahr. Eine reale Person lebt in einem Raum von Möglichkeiten. Es macht keinen Sinn zu fragen, was aus Werther geworden wäre, hätte Lotte Albert verlassen und ihn geheiratet. Es gehört zu den Regeln der Literatur, solche Was-wäre-wenn-Fragen nicht zu stellen. Wenn sie gestellt und ausgeführt werden, wie z. B. in Friedrich Nicolais *Freuden des jungen Werthers. Leiden und*

Freuden Werthers des Mannes (1775), dann als bewußte Parodie. Nicolais Werther ist nicht der Werther Goethes. Im ›Leben‹ sind dagegen Was-wäre-wenn-Fragen sinnvoll. In einer wichtigen Auseinandersetzung mit der rezeptionstheoretischen These, das Kunstwerk sei unbestimmter als die Wirklichkeit, schreibt Gerhard Kaiser: »Dadurch, daß die Gegenstände der Dichtung von vornherein nur als Momente bestimmter Hinsichten erscheinen, die außerhalb von diesen keine Wirklichkeit besitzen, erscheinen sie in einer letzten Bestimmtheit durch die Hinsicht, wie sie Gegenständen der Wirklichkeit niemals zukommt.«[44]

3. Vieldeutigkeit kann kein exklusives literaturspezifisches Kriterium sein, wenn damit gemeint ist, daß man literarische Texte unter verschiedenen Fragestellungen betrachten kann, daß man unterschiedliche Fragen rekonstruiert, auf die sie eine Antwort geben, daß man ihre stillschweigenden Voraussetzungen expliziert oder daß man ihre Funktion für bestimmte gesellschaftliche Entwicklung untersucht, daß man unterschiedliche relevante Kontexte sucht. Solche Verfahren erlaubt prinzipiell jeder Text, jeder Gegenstand, jedes Ereignis, ohne daß man schon von Vieldeutigkeit reden müßte. Gegenüber dem Objektivismus der historischen Schule machte z. B. Droysen geltend, daß eine Begebenheit »erst durch die Auffassung als zusammenhängender Vorgang, als ein Komplex von Ursache und Wirkung, von Zweck und Aufführung, kurz als Eine Tatsache begriffen und vereinigt« wird, und daß dieselbe Begebenheit aus dem »Gesichtspunkt« neuer Tatsachen oder des späteren Standorts des Betrachters wieder anders aufgefaßt werden kann.[45] Allerdings ist die Identität eines historischen Ereignisses an seinen raumzeitlichen Ort gebunden. Die Identität eines Kunstwerks dagegen ist nicht an den Ort seines Ursprungs gebunden.

Daß man Texte unter verschiedenen Fragestellungen und Gesichtspunkten behandeln kann, liegt u. a. daran, daß sie prinzipiell unabsehbar viele semantische Implikationen und Voraussetzungen (*Praesuppositionen*) haben, in denen sprachliches Wissen und Weltwissen nicht säuberlich voneinander getrennt werden können. Prinzipiell setzt jeder Satz (z. B.: *Der Ball ist rund.*) die Existenz der ganzen Welt voraus (und nun auch die Bedrohung dieser Existenz). Kein Text, kein Satz legt von sich aus fest, wieviel und genau welches Weltwissen nötig ist, um ihn zu verstehen.[46] Wir gebrauchen und rekonstruieren selbstverständlich nur jenes Sprach- und Weltwissen, das für die gegebene Situation relevant ist. Solche Relevanzen können sich ändern, stillschweigende, irrelevante Implikationen können in veränderten Kontexten relevant werden.

4. Vieldeutigkeit kann kein exklusives literaturspezifisches Kriterium sein, wenn damit gemeint ist, daß literarische Texte vieldeutig sind, nichtliterarische jedoch nicht. Abweichungstheorien gebrauchen gern dieses Argument. Sie tendieren dazu, ›normale‹ Sprache, von der die literarische abweiche, zu trivialisieren.

Nicht alle literarischen Texte sind vieldeutig, umgekehrt sind nicht alle nichtliterarischen Texte eindeutig. Politische, journalistische Texte sind z. B. oft vieldeutig, ja oft kalkuliert vieldeutig, ohne daß man ihnen literarische Qualität zusprechen würde (was selbstverständlich nicht ausgeschlossen ist). Die juristische Hermeneutik geht davon aus, daß Gesetze prinzipiell nicht eindeutig sind. Auch der sogenannte *klare Wortlaut* des Gesetzes ist interpretationsbedürftig.

Im alltagssprachlichen Verhalten gibt es so etwas wie eine *funktionale Unbestimmtheitstoleranz*, um Verständigungen zu ermöglichen und zu erleichtern. Denn es gibt nicht immer genau eine Intention oder auch nur eine zentrale, die wir mit einer kommunikativen Handlung zu verwirklichen suchen. Mit dem freundlichen Gruß *Guten Tag!* kann ich beabsichtigen,

a) einer Person zu erkennen zu geben, daß ich sie erkannt habe,

b) ihr zu erkennen zu geben, daß ich sie mag,

c) ihr zu erkennen zu geben, daß ich ihr nicht mehr böse bin,

d) sie mir gewogen zu machen,

e) ihr zu erkennen zu geben, daß ich ein Mitteleuropäer bin, der weiß, was sich gehört,

f) sie einfach zu grüßen,

usw.[47]

In einer bestimmten Situation kann dies alles auf einmal mit dem Äußern eines Grußes gemeint sein. Wir würden wohl die kommunikative Absicht dieses Grußes nicht mehrdeutig oder vieldeutig, sondern komplex nennen.

Nach Wilhelm von Humboldt stellt gerade dieses Moment von

Unbestimmtheit die Bedingung der Möglichkeit des Denkens dar, denn sie ist »eine Unbestimmtheit, ohne welche die Selbstthätigkeit des Denkens unmöglich wäre.« Die Unbestimmtheit des sprachlichen Ausdrucks ermöglicht es, Abstraktionsprozesse in Gang zu setzen, »Beziehungen, Verhältnisse, Ansichten« der Sache zu entwickeln.[48] Die »Unbestimmtheit« oder »Unschärfe« sprachlicher Ausdrücke ist, wie Max Black schreibt, keine Mißlichkeit, sondern eine notwendige Bedingung, um mit ihnen kommunizieren, um sich mit ihnen auf die Welt beziehen zu können.[49]

Unbestimmtheit, Eindeutigkeit, Mehrdeutigkeit, Vieldeutigkeit

Was kann nun Vieldeutigkeit bedeuten?

Zuerst erscheint es sinnvoll, *Eindeutigkeit, Mehrdeutigkeit, Vieldeutigkeit und Unbestimmtheit* voneinander abzugrenzen.

Unbestimmt[50] sind, sehen wir von der elementaren sprachlichen Unbestimmtheit im Sinne Humboldts und Blacks ab, Formulierungen mit moralischem und politischem Allgemeinheitsanspruch, z.B. »Treue zur Verfassung«, »Freiheit von Forschung und Lehre«, »Die Würde des Menschen ist unantastbar«. Es handelt sich um semantisch komprimierte Formulierungen, die nicht durch Alternativformulierungen vereindeutigt werden können. Unbestimmt ist im folgenden Gedicht Ungarettis das Pronomen *er*:[51]

Die Insel

Zu einem Ufer, wo ewiger Abend waltete
Aus uralten, sinnenden Wäldern, kam er herab,
Und er drang weiter,
Und ein Flügelrauschen zog ihn an,
Das sich gelöst aus dem schrillen
Herzschlag des brodelnden Wassers,
Und ein Gespenst (versinkend,
Wieder erblühend) sah er;
Zum Aufstieg sich wendend, sah er,

Es war eine Nymphe, und sie schlief,
Aufrecht eine Ulme umschlingend.
In sich selber vom Trug zur wahren Flamme
Taumelnd, kam er an eine Wiese,
Wo der Schatten sich sammelte
In den Augen der Mädchen wie
Abend am Fuß der Oliven;
Es träufelten die Zweige
Einen trägen Regen von Pfeilen,
Hier waren Schafe entschlummert
Unter der weichen Milde,
Andre begrasten die lichte Decke;
Die Hände des Hirten waren ein Glas,
Vom schlaffen Fieber geglättet.

Personalpronomen sind an sich weder vieldeutig noch unbestimmt. Zwar können sie so verwendet werden, daß jede beliebige Person, jeder beliebige Gegenstand damit gemeint werden kann. In jeder Verwendungssituation ist aber klar, daß eine Person oder ein Gegenstand und welche Person oder welcher Gegenstand gemeint ist. In diesem Kontext des Gedichts bleibt jedoch unbestimmt, wer mit *er* oder was mit *er* gemeint ist, oder wer die Mädchen sind. Zusammen mit den mythologischen Anspielungen (Nymphe, eine Ulme umschlingend; Versinken, Erblühen, Übergang über das Wasser, Herabkommen – Aufsteigen, die Szenerie der Wiese mit den Schafen und den Hirten) verleiht diese Unbestimmtheit dem Personalpronomen eine ›mythische‹, ›numinose‹ Qualität. In der Opposition von »Nymphe«, »Mädchen« und »er« wird das »er«, gerade weil es unbestimmt ist, als das männliche Personalpronomen profiliert, als etwas mythisch Männliches. So erhält die Unbestimmtheit doch eine thematische Bestimmtheit, eben als eine *bestimmte Unbestimmtheit.* Diese Unbestimmtheit veranlaßt, an ›vieles‹ zu denken, Möglichkeiten zu erproben und durchzugehen. Gleichwohl wird diese Unbestimmtheit semantisch konturiert, werden die Bedeutungsmöglichkeiten begrenzt.

Eindeutigkeit liegt vor, wenn es für das, was es zu deuten gibt, genau eine Deutung gibt. Die Beschreibung eines Weges z. B. nennen wir dann eindeutig, wenn Alternativen des Verstehens ausgeschlossen sind.[52] Wenn es freilich nur eine Deutung gibt, wird der Begriff des Deutens problematisch. Deuten setzt in dem, was gedeutet wird, ein Moment des Fraglichen, eben Uneindeutigen voraus. (›Ich deute diese Biegung als die erwähnte Linkskurve.‹) Was eindeutig ist (oder was eindeutig gemacht wurde), brauche ich nicht mehr zu deuten. Auch Zahlen sind eindeutig. Eine 3 ist eine 3, in welchen Kontexten diese Zahl auch vorkommt. Eine eindeutige Bedeutung kann daher definiert werden als eine kontextunabhängige Bedeutung. Die Bedeutung von Wörtern ist hingegen kontextabhängig. Daher sind Wörter prinzipiell vieldeutig. Ihre – relative – Eindeutigkeit erhalten sie erst in Kontexten ihres Gebrauchs.

Um *Mehrdeutigkeit* (*Polysemie, Ambiguität*) handelt es sich, wenn die Semantik des Kontextes mehr als einen Bezug zuläßt oder provoziert. Zweideutigkeiten sind schon Mehrdeutigkeiten. Der Begriff der *Zweideutigkeit* ist festgelegt auf eine sexuelle zweite Bedeutung. In Büchners Drama *Dantons Tod* sagt Danton zu Beginn: »Sieh die hübsche Dame, wie artig sie die Karten dreht! Ja wahrhaftig, sie versteht's; man sagt, sie halte ihrem Manne immer das Cœur und andern Leuten das Carreau hin.«

Mehrdeutig ist z.B. der Satz eines Gießener Richters: »Gnade den Tätern!« Kalkulierte Mehrdeutigkeit war der Trick der antiken Orakel. Herodot (5. Jahrhundert v. Chr.) berichtet in seinen *Historien* (1, 46–53), wie König Kroisos vor einem Feldzug gegen die Perser das Orakel in Delphi nach seinen Siegeschancen befragte. Durch riesige Geschenke hatte er es zuvor günstig stimmen wollen. Das Orakel lautete, wenn Kroisos gegen die Perser zu Feld zöge, dann würde er ein großes Reich zerstören. Die Formulierung »ein großes Reich« ist unbestimmt. Der Kontext legt nahe, das Reich als das Reich der Perser zu verstehen. So verstand es auch Kroisos. Er verlor jedoch und zerstörte dadurch sein eigenes Reich. Die Priester in Delphi konnten sagen, daß eben dies ihr Orakel vorausgesagt hatte.

Eine amtliche Formulierung:

Sie haben leider versäumt, den nebenstehenden Betrag fristgerecht zu entrichten.

Das Modaladverb »leider« ist satzsemantisch mehrdeutig. Dieser Satz läßt sich verstehen als:

Sie haben versäumt ..., und wir bedauern, daß Ihnen dies passiert ist.

Sie haben versäumt ..., und wir bedauern, daß wir Sie nun mahnen müssen.

Sie haben versäumt ..., und wir bedauern, daß dem Staat auf diese Weise Einnahmen verloren gegangen sind.

Alternative Paraphrasen oder Umformulierungen können diese Formulierung vereindeutigen. Auf den genauen Geltungsbereich von »leider« kommt es hier (Unbestimmtheitstoleranz!) offenbar nicht an, weil das Modaladverb nur die Funktion einer Höflichkeitsfloskel haben soll.

Nun aber sind zu Indiern
die Männer gegangen,
dort an der luftigen Spitz'
an Traubenbergen, wo herab
die Dordogne kommt,
und zusammen mit der prächt'gen
Garonne meerbreit
ausgehet der Strom...
      Hölderlin, Andenken

Unbestimmt (für den Leser) ist in diesem Text, worauf sich *luftige Spitz* bezieht. Die Formulierung kann sich sowohl auf die Landspitze des Medoc als auch auf die Landspitze am Zusammenfluß von Dordogne und Garonne bei Bordeaux beziehen. *Mehrdeutig* ist die Formulierung »ausgehet«. Sie meint das ›Hinausgehen‹ des Stromes ins Meer, sie läßt denken an ein Paar, das zusammen ausgeht, und sie meint das ›Enden‹ des Stromes im Meer, und dies alles zugleich. Die Formulierung erzeugt eine oszillierende Mehrdeutigkeit. Alle Bedeutungen sollen miteinander und ineinander wahrgenommen werden. Hölderlin macht sich hier zunutze, was Hegel den »spekulativen Geist« der Sprache nannte. Über das – wohl von Schillers *Über die ästhetische Erziehung des Menschen* (1795) übernommene und durch ihn berühmt gewordene – Verb »aufheben« (hochheben, tilgen, beenden, bewahren) schreibt Hegel im § 96 der *Enzyklopaedie der philosophischen Wissenschaft im Grundrisse* (1830):

Dieser sprachgebräuchliche Doppelsinn, wonach dasselbe Wort eine ne-
gative und eine positive Bedeutung hat, darf nicht als zufällig angesehen
noch etwa gar der Sprache zum Vorwurf gemacht werden, als zu Verwir-
rung Veranlassung gebend, sondern es ist darin der über das bloß verstän-
dige Entweder – Oder hinausschreitende spekulative Geist unserer Spra-
che zu erkennen.

Im Unterschied zu Mehrdeutigkeit akzentuiert der Begriff der *Viel-deutigkeit* im alltäglichen und literaturwissenschaftlichen Sprachge-brauch stärker die Vielfalt und Offenheit der möglichen Bedeutun-gen oder Kontexte, eine prinzipielle Unausdeutbarkeit des literari-schen Werkes. Im literaturwissenschaftlichen Sprachgebrauch hat der Begriff eine metainterpretative Funktion, insofern er die rezepti-onsgeschichtliche Vielfalt unterschiedlicher Deutungen, und eine interpretative, insofern er die semantische Struktur des literarischen Werkes umfaßt.

Jeder Text ist prinzipiell vieldeutig. Kein Text versteht sich von selbst. Wenn wir diesen Eindruck haben, dann deswegen, weil das Verständnis des Textes in vielen gleichförmigen Deutungssituatio-nen eingeschliffen ist. In diesem Sinne versteht sich der Gruß »Gu-ten Tag!« von selbst. Schriftlich fixierte, von der unmittelbaren Sprechsituation und von einer sichernden Vermittlung abgelöste Äußerungen werden dichter und vieldeutiger, weil aus dem Text nun gewonnen werden muß, was an bedeutungssichernden Kontexten fehlt. Die Interpretation sucht die bedeutungssichernde Sprechsitu-tation zu ersetzen.[53]

Sei es unbestimmt, mehrdeutig oder vieldeutig: Wir suchen und entdecken eine ästhetische Bedeutungsfülle, weil wir Literatur mit einer bestimmten, unter anderem durch diese Entwicklung der Äs-thetik vorbereiteten hermeneutischen Einstellung wahrnehmen. Diese Einstellung auf literarische Texte läßt sich unterscheiden von pragmatischen, zweckorientierten Einstellungen im Alltagsverhal-ten oder von der Einstellung auf die Darstellung von Sachverhalten in einem wissenschaftlichen Werk. (Natürlich ist eine solche Tren-nung nicht säuberlich vorzunehmen.)

Nach Monroe C. Beardsley wird diese hermeneutische Einstel-lung auf literarische Werke geleitet vom »Principle of Plenitude«: »All the connotations that can be found to fit are to be attributed to the poem: it means all it can mean, so to speak.«[54] Man könnte dies mit Baumgarten übersetzen als: *Prinzip der Bedeutungsfülle*. Die Bedeutungserwartung und hermeneutische Einstellung des:»It means all it can mean« konstituiert nicht nur das Gedicht, sondern Literatur überhaupt. Sie leitet als regulative Idee die Interpretation. »It means all it can mean« heißt nicht, daß das Werk beliebig viel bedeuten kann, sondern daß es das alles bedeutet, was es aufgrund seiner spezifischen formalen und thematischen Struktur (und natürlich unter den Bedingungen unserer eigenen Voraussetzungen) bedeuten kann. Das»can mean« muß begründet werden können. Diese Begründungsnötigung setzt dem Vieldeutigkeitsparadigma Grenzen.

Die hermeneutische Einstellung nach dem»Principle of Plenitude« beinhaltet auch eine Erweiterung und Intensivierung der Aufmerksamkeit des Rezipienten. Prinzipiell jedes Element der Sprache, nicht nur Absätze, Sätze und Wörter, sondern auch Silben und einzelne Phoneme (z. B. bei Reimen und Rhythmus) können eine besondere semantische Bedeutung tragen.

In dieser Einstellung werden Teile des literarischen Werkes in eine thematische, wechselseitige perspektivische Beziehung gebracht. Die Elemente des Kunstwerks können in wechselnde, nie mit Gewißheit abschließbare perspektivische und thematische Beziehungen eintreten. Elemente in Randstellung können in je anderen Deutungen eine thematische Relevanz erlangen. So erzeugt dieses Prinzip immer auch neue Vorbehalte, neuen Verdacht auf andere oder zusätzliche Bedeutung. Keine Bedeutung kann dabei als definitive Bedeutung gelten. Jede Interpretation ist eine mögliche von vielen, prinzipiell von unabsehbar vielen. Schon dem Sprachgebrauch nach kann man nicht von einer definitiven Interpretation reden. Der Begriff der Interpretation enthält die Merkmale des Hypothetischen, des Überholbaren. Zur Interpretation gehört das Bewußtsein, daß andere Interpretationen möglich sind.

Wenn Interpretationen keine definitive Geltung haben können, dann können sie auch nicht im strengen Sinne richtig sein, sondern nur möglich oder unmöglich, plausibel oder unplausibel, überzeugend oder unüberzeugend. Es gibt freilich falsche Interpretationen, wenn z. B. die Sprache eines Gedichts mißverstanden wird. Mit einem Text kann man vieles, aber nicht alles machen.

Jedoch sind wir in der Praxis des Interpretierens nicht von der Frage nach *einer möglichen Bedeutung* unter anderen möglichen Bedeutungen geleitet, sondern nach *der möglichen* Interpretation, nach der *überzeugenden* Interpretation. Wir fragen z. B. nach den möglichen Bedeutungen von ›ausgehen‹ überhaupt und dann danach, welche Bedeutungen in Hölderlins Gedicht möglich sind, welche passen. Die überzeugende Interpretation strebt ein *zwingendes* Resultat an, in dem ein Wahrheitsanspruch erhoben wird. Dabei orientieren wir uns an einer unterstellten *Intentionalität* des Werkes. Es ist unvermeidbar, nach der Intention des Autors zu fragen, genauer: nach der Intention des Modell-Autors (in anderer Terminologie: des abstrakten oder impliziten Autors).[55] Diesen Modell-Autor rekonstruieren wir aus Annahmen über den Text (der *intentio operis)* und aus Annahmen über den realen Autor (der *intentio auctoris*). Wir interpretieren einen Text so, wie wir meinen, daß der Autor will, daß man den Text interpretiere. Diese Intention geht nicht der Interpretation voraus, sondern wird von ihr unterstellt und ergibt sich dann, bestätigt oder verändert, aus ihr. Auch diese Orientierung an einer im Text verwirklichten Intentionalität begrenzt die möglichen Vieldeutigkeiten.

Ohne die regulative Idee *der* möglichen, mit der vermuteten Intention des Autors übereinstimmenden Interpretation können wir nicht interpretieren (und lesen!). Anders setzten wir das Interpretieren und uns selbst ins Beliebige.

Diese These läuft keineswegs auf das Programm einer Vereindeutigung hinaus. Interpretationen sollen gerade die ästhetische Fülle eines Werkes entfalten, seine Vielbezüglichkeiten und Vieldeutigkeiten, seine möglichen Brüche, Ambivalenzen und Verschiebungen, aber auch seine Bestimmtheiten. Allerdings geben wir uns mit der Vieldeutigkeit eines Werkes an sich nicht zufrieden, wenn wir so etwas wie ›Vieldeutigkeit an sich‹ überhaupt denken können. Wir befragen sie nach ihrer thematischen Funktion. Wir befragen den Text nach dem, was sich in ihm zeigt, was sich in ihm ausdrückt, was mit ihm vergegenwärtigt oder suggeriert wird – kurz: *was mit und in ihm gesagt wird*. Wir fragen auch danach, welche thematische Bedeutung ein Bruch in der Struktur eines Werkes besagt. Eine Aufforderung wie »Interpretieren Sie *Effi Briest!*« wäre ziemlich unsinnig.

Die Frage nach der thematischen Funktion setzt der möglichen Vieldeutigkeit ebenfalls Grenzen.

Literarische Evidenz und ›Prägnanz‹ erhält ein vieldeutiger Text erst, wenn er ›bedeutsam‹ ist, wenn in und mit seiner Vieldeutigkeit etwas Wesentliches gesagt wird, wenn seine Vieldeutigkeit Sinn macht. Jedenfalls unterstellen und suchen wir die Möglichkeit einer Integration von Vieldeutigkeiten.

Das ›Bedeutsame‹ eines literarischen Textes kann sich übrigens für den Leser erschöpfen. Es gibt Phasen von Interesse und Desinteresse an einem Werk. Die Praxis von Schule und Universität, die Interessen am literarischen Werk institutionell festhalten, täuscht leicht darüber hinweg.

Auch wenn die Bedeutungen eines Werks noch so verschieden, verstreut oder gar widersprüchlich sind, nehmen wir doch eine Einheit und Identität des Werks *als dieses* Werk in Anspruch. Dies ist die Praxis. Praxis kann natürlich blind sein. Jedoch ist keine Lektüre oder Interpretation eines Werks ohne die Unterstellung von *Kohärenz*, oder vorsichtiger: von Kohärenzen, von einem Netz von Bedeutungen, möglich.[56] Am Beispiel des Romans hat Berthold[57] gezeigt, wie sich das Verstehen um 1800 am ›ganzen‹ Text orientiert. Gefordert wird nun die kursorische, d. h. durch den ganzen Text gehende Lektüre. Der Roman, wie z. B. *Wilhelm Meisters Lehrjahre*, vermeidet demonstrativ Vereindeutigungs- und Intentionssignale. Die Freigabe von Vieldeutigkeit und die Orientierung am ›ganzen‹ Text verhalten sich komplementär.

Gegen den hermeneutischen Vorgriff der Einheit setzt der Dekonstruktivismus das Verständnis des Textes als Bruch und Differenz von Bedeutungen. Die Rede von Bruch und Differenz setzt notwendig Kohärenzunterstellungen voraus. Ohne die Erwartung einer Kohärenz würden wir keinen Bruch wahrnehmen. Wenn für Derrida der Text nur als »Bruch des Bezuges, der Bruch als Bezug gewissermaßen, eine Aufhebung aller Vermittlung«[58] zu denken ist, dann kann nicht von der »Aufhebung« aller Vermittlung geredet werden, außer im mehrfachen Sinn von *aufheben*, wie ihn Hegel gebrauchte.

Textkohärenz läßt auch Brüche und Sprünge, zerstreuten Sinn zu, wie das Beispiel moderner Lyrik oder wie schon Goethes *Wilhelm Meisters Lehrjahre* zeigen. Nur geben wir uns mit dem Konstatieren von Brüchen nicht zufrieden, sondern fragen nach ihrem ›Bezug‹, ihrer Absicht, ihrer thematischen Funktion. Kohärenz und Vieldeutigkeit widersprechen sich nicht, sonder verhalten sich komplementär. Durch die Unterstellung der Kohärenz seiner unterschiedlichen Elemente wird ein Text auch vieldeutig, durch Vieldeutigkeit wird ein Text auch kohärent.[59] In Kafkas Erzählung *Das Urteil* beschimpft der Vater den Sohn mit »mein Früchtchen«. Das Schimpfwort wird doppeldeutig, stellt man eine Kohärenz mit der späteren Bemerkung des Vaters her, der Sohn habe lange gezögert, bis er »reif« geworden sei, der Freund sei schon »gelb zum Wegwerfen«, und mit dem Schluß der Erzählung: der Sohn läßt sich von der Brücke »hinabfallen« – wie eine reife Frucht, wie man aufgrund dieser Kohärenz nun hinzudenken muß.

Interpretationspraktisch gehen wir nicht davon aus, daß unendlich viele verschiedene Interpretationen im Laufe der Rezeptionsgeschichte gleich möglich sind. Wir setzen dem Pluralismus der Interpretationen Grenzen. Interpretationen beziehen sich (meist) nicht aufeinander mit dem Anspruch des »anders als« (wiewohl dies häufig ein starkes psychologisches Motiv von Interpretationen ist), sondern mit dem Anspruch des »besser als«, »ergänzend« oder »umfassender als«, »fruchtbarer als«, »wahrscheinlicher als«, »angemessener als«, »problembewußter« oder »tiefer als«, »interessanter als«, kurz: »überzeugender als«. Wie sich am Streit der Interpretationen um Hölderlins *Friedensfeier*[60] oder um Goethes *Harzreise im Winter*[61] zeigen ließe, gibt es selbstverständlich Interpretationen, die als unmöglich oder als falsch ausgeschieden werden. Wir gehen faktisch davon aus, daß es bessere und schlechtere, mögliche und unmögliche, plausible und unplausible Interpretationen gibt. Es gäbe keinen Streit der Interpretationen, wenn ihm nicht so etwas wie die Suche nach der angemessenen, überzeugenden, besten Interpretation zugrunde läge. Wir streiten dann, wenn wir unterschiedlicher Ansicht sind *und* nach einer verbindlichen Ansicht suchen.

Gegen solche Überlegungen wird oft eingewandt, daß damit das offene Werk reduziert werde. Der Anspruch der Interpretation steht jedoch jenseits der Entgegensetzung von Offenheit und Reduktion.[62] Als endliche und begrenzte Wesen wissen wir gar nicht, wie eine Offenheit vor aller Interpretation aussieht. Auch die Wörter der Sprache sind nicht zuvor in einer Offenheit gegeben, die dann in ihrer Verwendung reduziert würde. Allenfalls eine Reihe von Verwendungen und Interpretationen haben eine solche Offenheit oder Vieldeutigkeit überhaupt erst erzeugt und entfaltet, jedoch auch ihre Grenzen. Jede Interpretation eröffnet und begrenzt.

Anmerkungen

Akzente, Pausen: Rhythmus

1 Vgl. F. N. Mennemeier: Rhythmus. – Mennemeiers Kritik an der Vernachlässigung des Rhythmus ist im Blick auf die Praxis der Gedichtinterpretation berechtigt, sonst zu relativieren, vgl. z. B. H. Meschonnic: Critique du rhythme; J. M. Lotman: Die Struktur des künstlerischen Textes, S. 178 ff.; A. Welsh: Roots of Lyric, S. 190 ff.; Langue Française 56 (1982): Le rhythme et le discours; Chr. Küper: Sprache und Metrum; E. Couper-Kuhlen: English speech rhythm; Zeitschrift für Literaturwissenschaft und Linguistik, 24 (1994), H. 96: Rhythmus, darin: I. Zollna: Der Rhythmus in der geisteswissenschaftlichen Forschung, S. 12–52. Vgl. auch G. Henneberg: Theorien zur Rhythmik und Metrik; W. Seidel: Rhythmus; Art. *Rhythmus* in: J. Ritter u. a. (Hg.), Historisches Wörterbuch der Philosophie, Bd. 8, Sp. 1026–1036; Art. *Rhythm* in: A. Preminger (Hg.), The Princeton Handbook of Poetic Terms, S. 238–241; D. Burdorf: Einführung in die Gedichtanalyse, S. 69 ff.; H.-D. Gelfert: Wie interpretiert man ein Gedicht, S. 25 ff.

2 J. N. Tynjanov: Das Problem der Verssprache, S. 47 f.

3 P. Valéry: Zur Theorie der Dichtkunst, S. 184.

4 B. Brecht: Gesammelte Werke, Bd. 19, S. 395.

5 F. Hölderlin: Sämtliche Werke und Briefe, Bd. 2, S. 849 ff.

6 Vgl. J. Trier: Rhythmus, Studium Generale 2 (1949), H. 3, S. 138.

7 Vgl. K. Bücher: Arbeit und Rhythmus; P. Fraisse: Les structures rhythmiques; ders.: Rhythm and Tempo; H. Bausinger: Formen der »Volkspoesie«, S. 83 ff.; H. Heimann / B. Pflug, (Hg.), Rhythmusprobleme in der Psychiatrie; J. Aschoff (Hg.), Handbook of Behavioral Neurobiology, Bd. 4: Biological Rhythm; W. Engelmann / W. Klemke: Biorhythmen; J. Evans / M. Clynes (Hg.), Rhythm in psychological linguistic and musical processes; G. Rötter: Musik und Zeit; K. Müller: Rhythmus und Sprache.

8 A. Leroi-Gourhan: Hand und Wort. Die Evolution von Technik, Sprache und Kunst, S. 273 ff., 384 ff.

9 Dies wird schon im Artikel *Rhythmus* in: J. G. Sulzer: Allgemeine Theorie der schönen Künste, Bd. 4, S. 96 f., angemerkt.

10 Vgl. D. Tannen: Talking Voices: Repetition, Dialogue and Imagery in Conversational Discourse; P. Auer / E. Couper-Kuhlen: Rhythmus und Tempo konversationeller Alltagssprache.

11 H. Wenzel: Hören und Sehen, S. 89 ff.

12 Vgl. C. M. Bowra: Heldendichtung, S. 235ff; A. B. Lord: Der Sänger erzählt; P. Zumthor: Die Stimme und die Poesie in der mittelalterlichen Gesellschaft, S. 66 ff.

13 Vgl. H. Grimm / J. Engelkamp: Sprachpsychologie, S. 110 ff.

14 E. Couper-Kuhlen: Intonatorische Kohäsion, S. 76.

15 Vgl. zur Etymologie E. Benveniste: Probleme der allgemeinen Sprachwissenschaft, S. 363 ff.; H. Koller: Musik und Dichtung im alten Griechenland, S. 3 ff.

16 A. W. Schlegel: Kritische Schriften und Briefe, Bd. 1, S. 65. Zum epischen Rhythmus vgl. auch E. M. Forster: Ansichten des Romans, S. 152 ff.; W. Kayser: Das sprachliche Kunstwerk, S. 264 ff.; zu Gattungsrhythmen: N. Frye: Analyse der Literaturkritik, S. 252 ff.

17 F. Hölderlin: Sämtliche Werke und Briefe, Bd. 2, S. 849 ff.

18 F. Hölderlin: Sämtliche Werke, Bd. 7, S. 196 und 198.

19 Vgl. A. Tannen: Talking Voices; P. Auer / E. Couper-Kuhlen: Rhythmus und Tempo konversationeller Alltagssprache; W. Notdurft: Gezänk und Gezeter.

20 Vgl. die Programmschrift: Chr. v. Ehrenfels: Über ›Gestaltqualitäten‹; zur Anwendung auf den Rhythmus: K. Koffka: Experimentelle Untersuchungen zur Lehre vom Rhythmus; zur Gestaltpsychologie allgemein: K. Koffka: Principles of Gestalt Psychology; als instruktiver, knapper Überblick: A. Wellek: Ganzheitspsychologie und Strukturtheorie, S. 49–62. – Ich habe lange gezögert, den Gestalt-Begriff zu übernehmen, und den Begriff der Figur erwogen, da der Gestalt-Begriff vor allem im George-Kreis und in der Germanistik in den 20er und 30er Jahren zu einem antianalytischen Begriff aufgeladen wurde. Da aber der Begriff der Gestalt in der Rhythmusforschung eingeführt ist und analytisch verwendet wird und der Begriff der Figur in der Rhetorik und Musikwissenschaft eine andere Bedeutung hat, habe ich den Begriff der Gestalt beibehalten.

21 Vgl. E. Couper-Kuhlen: Rhythmus und Tempo konversationeller Alltagssprache, S 66 ff.

22 Vgl. K. Müller: Rhythmus und Sprache.

23 Vgl. P. Fraisse: Rhythm and Tempo; M. Schleidt / I. Eibl-Eibesfeldt / E. Pöppel: A Universal Constant.

24 W. Braungart: Ritual und Literatur; zum Rhythmus vgl. S. 166 ff.

25 Vgl. P. Zumthor: Le rhythme dans la poésie orale, S. 119. Vgl. auch A. Assmann / D. Harth (Hg.), Kultur als Lebenswelt und Monument.

26 Vgl. P. Fraisse: Rhythm and Tempo, S. 175 f.

27 P. Valéry: Cahiers / Hefte 6, S. 272.

28 Den Nationalsozialisten war die körperliche Kraft des Rhythmus bekannt. Der NS-Pädagoge Ernst Krieck schrieb:»Aus einem revolutionären Instinkt heraus arbeitet die nationalsozialistische Agitation vorwiegend nicht mit intellektuellen Beweisen und Argumenten, sondern mit der Urkraft des

Rhythmus, der auf der Grenze alles Rationalen und Irrationalen beheimatet ist, und mit allem, was dem Rhythmus verwandt ist und seine erregende Kraft ausströmt.« Zit. nach H. J. Gamm, Führung und Verführung, S. 103. Vgl. auch Chr. Soboth: Der »Hebel aller Wirkung« – Der Rhythmus unter den Deutschen; I. Zollna: Rhythmus – Körpersprache.

29 Vgl. R. Lorbe: Die Welt des Kindes, S. 55 ff.; zur Dominanz des Rhythmus im epischen Vortrag vgl. A. B. Lord: Der Sänger erzählt, S. 21 f.

30 Vgl. R. Schrott: Die Erfindung der Poesie, S. 223.

31 R. Lug: Singen auf dem Pferderücken.

32 J. N. Tynjanov: Das Problem der Verssprache, S. 49.

33 Zum Überblick vgl. D. Breuer: Deutsche Metrik und Versgeschichte, S. 33 ff.

34 So wird es meist verstanden, vgl. die Diskussion bei Chr. Küper: Sprache und Metrum, S. 102 ff.

35 Vgl. P. Zumthor: Die Stimme und die Poesie in der mittelalterlichen Gesellschaft, S. 118.

36 Vgl. P. Fraisse: Les structures rhythmiques, S. 117.

37 Vgl. dazu H. Meyer: Vom Geist der Verse, S. 75 f.

38 Vgl. zu diesem Beispiel Chr. Küper: Sprache und Metrum, S. 129 f.

39 W. Kayser: Kleine deutsche Versschule, S. 108 ff.

40 Vgl. P. Auer / A. Di Luzio (Hg.): The contexualization of Language; P. Auer / E. Couper-Kuhlen: Rhythmus und Tempo konventioneller Alltagssprache, S. 88 ff.

41 Zum Überblick über die Versformen vgl. z. B. D. Breuer: Deutsche Metrik und Versgeschichte, S. 35 ff.; D. Burdorf: Einführung in die Gedichtanalyse, S. 73 ff. Zur schnellen Information immer noch empfehlenswert W. Kayser: Kleine deutsche Versschule. Zum Versbegriff vgl. auch L. L. Albertsen: Neuere deutsche Metrik, S. 25 ff.; H.-D. Gelfert: Einführung in die Verslehre.

42 Vgl. J. N. Tynjanov: Das Problem der Verssprache, S. 66 ff.

43 Vgl. J. M. Lotman: Die Struktur des künstlerischen Textes, S. 241 ff. Scharf zwischen Rhythmus und Sinn trennt dagegen H. U. Gumbrecht: Rhythmus und Sinn.

Ende und Übergang: Enjambement

1 Zur Beschreibung der Funktion des Enjambements vgl. K. Oppert: Möglichkeiten des Enjambements; L. L. Albertsen: Neuere deutsche Metrik, S. 27 ff.; J. N. Tynjanov: Das Problem der Verssprache, S. 85 ff.; R. D. B. Thomson: Towards a Theory of Enjambement; zur Übersicht vgl. S. Doering: Art. *Enjambement*, in: K. Weimar u. a. (Hg.), Reallexikon der deutschen Literaturwissenschaft, Bd. 1, S. 447–449.

2 Goethes Werke. Weimarer Ausgabe, I. Abt., Bd. 41, 1, S. 212.

3 Vgl. Chr. Wagenknecht: Deutsche Metrik, S. 78 ff.; D. Breuer: Deutsche Metrik und Versgeschichte, S. 185 ff.

4 Die Unterscheidung eines harten und glatten Enjambements lehnt sich an die Unterscheidung einer glatten, mittleren und harten rhythmischen Fügung in der Schrift *De compositione verborum* (Über die Fügung der Worte) des Dionysios von Halikarnass (1. Jahrhundert v. Chr.) an.

5 Zu Pindars Bedeutung für die Emanzipation des freien Rhythmus vgl. A. Henkel: »Der deutsche Pindar«.

6 Vgl. W. Binder: Hölderlins Verskunst, S. 32; vgl. auch zu Hölderlins Kunst des Enjambements D. Seckel: Hölderlins Sprachrhythmus, S. 210 ff.

7 Vgl. Verf.: Hölderlins poetische Sprache.

Aus Dissonanz Konsonanz: Reim

1 P. Rühmkorf: agar agar – zaurzaurim, S. 11. Zur Reimpoetik im 20. Jahrhundert vgl. D. Lamping: Probleme der Reimpoetik im 20. Jahrhundert.

2 Goethes Werke. Hamburger Ausgabe, Bd. 10, S. 91. Vgl. C. Schuppenhauer: Der Kampf um den Reim in der deutschen Literatur des 18. Jahrhunderts.

3 N. Törnquist: Zur Geschichte des Wortes Reim; zum Überblick vgl. G. Schweikle: Art. *Reim*, in: Reallexikon der deutschen Literaturgeschichte, S. 403–421; Art. *Rhyme*, in: A. Preminger (Hg.),The Princeton Handbook of Poetic Terms, S. 233–237; D. Burdorf: Einführung in die Gedichtanalyse, S. 30 ff.

4 Vgl. U. Ernst / P.-E. Neuser (Hg.), Die Genese der europäischen Endreimdichtung.

5 Vgl. zum genaueren Überblick D. Breuer: Deutsche Metrik und Versgeschichte, S. 45 ff.; Schweikle: Art. *Reim*, in: Reallexikon der deutschen Literaturgeschichte, S. 403–421; schöne Beispiele in: A. Thalmayr: Das Wasserzeichen der Poesie, S. 270 ff.

6 Vgl. A. Welsh: Roots of Lyric, S. 133 ff.

7 Zum Stabreim vgl. Chr. Küper: Die ästhetische Stilisierung sprachlicher Strukturen zum poetischen Kode, S. 128 ff.

8 Der Liber evangeliorum wird zitiert nach der Auswahlausgabe: Otfried von Weißenburg: Evangelienbuch. Auf das instruktive Nachwort S. 250–272 sei nachdrücklich verwiesen. Zu Otfried ferner: U. Ernst: Der Liber evangeliorum Otfrieds von Weißenburg; U. Ernst / P.-E, Neuser: Die Genese der europäischen Endreimdichtung; M. Wehrli: Literatur im deutschen Mittelalter, S. 190 ff.

9 W. Haug: Literaturtheorie im deutschen Mittelalter, S. 30.

10 Vgl. W. Groddeck: Reden über Rhetorik, S. 152 ff.

11 Vgl. U. Ernst: Ars memorativa, S. 228 ff.; R. Patzlaff: Otfried von Weißenburg und die mittelalterliche Versus-Tradition; G. Schweikle: Art. Reim, in: Reallexikon der deutschen Literaturgeschichte, S. 403–421.

12 Text und Übersetzung nach: Mittelalterliche Lyrik Frankreichs I. Lieder der Trobadors, S. 20 f.

13 Vgl. D. Bolinger: Rime, Assonance, and Morpheme Analysis.

14 Vgl. U. Ernst: Ars memorativa und Ars poetica in Mittelalter und Früher Neuzeit, S. 76 ff.; vor allem: H. Wenzel: Hören und Sehen. Schrift und Bild, S. 89 ff.

15 J. M. Lotman: Die Struktur des künstlerischen Textes, S. 187 ff.

16 Vgl. R. Jakobson: Die neueste russische Poesie [1921].

17 Vgl. besonders O. Werner: Motiviertheit des Reims, S. 82 f.

18 W. Braungart: Ritual und Literatur, S. 166.

19 Vgl. Chr. Küper: Von der Sprache zur Literatur, S. 150.

20 P. Rühmkorf: agar agar – zaurzaurim, S. 96.

21 Vgl. J. N. Tynjanov: Das Problem der Verssprache, S. 127 ff. Tynjanov spricht von einer progressiv-regressiven Wirkung des Reims.

22 A. W. Schlegels Vorlesungen über schöne Literatur und Kunst. 3. Teil: Geschichte der romantischen Literatur, S. 213.

23 R. Jakobson: Poetik, S. 108.

24 B. Malinowki: Magie, Wissenschaft und Religion, S. 59; zum Zauberspruch vgl. A. Welsh: Roots of Lyric, S. 133 ff.

25 Vgl. M. Geier: Die magische Kraft der Poesie; H. Schlaffer: Poesie und Wissen, S. 91 ff.

26 P. Valéry: Cahiers / Hefte 6; S. 198.

Das Wie des Was: Stil

1 J. J. Eschenburg: Entwurf einer Theorie und Litteratur der schönen Redekünste, § 355.

2 Vgl. J. Dyck: Ticht-Kunst, S. 66 ff.; L. Fischer: Gebundene Rede. S. 184 ff.; B. Asmuth: Art. *Angemessenheit*, in: G. Ueding (Hg.), Historisches Wörterbuch der Rhetorik, Bd. 1, Sp. 579–604.

3 Zur Geschichte des Stilbegriffs vgl. A. Müller: Stil; W. G. Müller: Topik des Stilbegriffs; W. Sauerländer: From stilus to style; R. Heinz: Stil als geisteswissenschaftliche Kategorie; H.-M. Gauger: Über Sprache und Stil, S. 187–202.

4 Die Bedeutung der Individualität des Stils hat Manfred Frank im Anschluß an Schleiermacher weiterentwickelt: M. Frank: Stil in der Philosophie.

5 Vgl. dazu H. Weinrich: Der Stil, das ist der Mensch, das ist der Teufel, S. 33 ff.; W. G. Müller: Topik des Stilbegriffs, S. 9 ff.

6 E. Staiger: Die Kunst der Interpretation, S. 11. Vgl. auch den analogen Stilbegriff von L. Spitzer: Stilstudien.

7 Vgl. N. Luhmann: Das Kunstwerk und die Selbstreproduktion der Kunst, S. 632.

8 Vgl. z. B. B. Gray: Style. The Problem and its solution; H. Pinkster: Lateinische Stilistik.

9 Vgl. z. B. L. Reimers: Der sichere Weg zum guten Deutsch; W. Sanders: Gutes Deutsch – besseres Deutsch; W. Schneider: Stilkunde; Th. Stemmler: Stemmlers kleine Stil-Lehre; zur Diskussion der Stilnormen vgl. R. M. G. Nikkisch: Gutes Deutsch? Kritische Studien zu den maßgeblichen praktischen Stillehren der deutschen Gegenwartssprache; U. Abraham: StilGestalten. Geschichte und Systematik der Rede vom Stil in der Deutschdidaktik; zur Praxis der Stilkritik in der Schule vgl. auch H. Hannappel / Th. Herold: Sprach- und Stilnormen in der Schule.

10 Vgl. z. B. M. Riffaterre: Strukturale Stilistik; W. Sanders: Linguistische Stiltheorie; Zs. f. Literaturwissenschaft und Linguistik, 6 (1976), H. 22: Stilistik; J. Anderegg: Literaturwissenschaftliche Stiltheorie; B. Sandig: Stilistik; B. Sandig (Hg.), Stilistik, 2 Bde.; B. Spillner (Hg.), Methoden der Stilanalyse; Sprache und Literatur 16 (1985), H. 55: Stilistik und Stilkritik; H. U. Gumbrecht / K. L. Pfeiffer: Materialität der Kommunikation; B. Sandig: Stilistik der deutschen Sprache; H.-M. Gauger: Der Autor und sein Stil; K. Wales: A Dictionary of Stylistics; E. Neuland / H. Bleckwenn (Hg.), Stil – Stilistik – Stilisierung; W. Erzgräber / H.-M. Gauger (Hg.), Stilfragen; G. Stickel (Hg.), Stilfragen; U. Fix / G. Lerchner (Hg.), Stil und Stilwandel; H. Wellmann (Hg.), Grammatik, Wortschatz und Bauformen der Poesie in der stilistischen Analyse ausgewählter Text; zum Überblick vgl. B. Sowinski: Stilistik; eine nützliche Bibliographie: W. Sanders: Stil und Stilistik.

11 Vgl. B. Sandig: Stilblüten als Mittel der Erforschung »stilistischer Kompetenz«; Th. Bourke: Stilbruch als Stilmittel.

12 Vgl. M. Selting / V. Hinnenkamp: Einleitung: Stil und Stilisierung in der interpretativen Soziolinguistik.

13 Vgl. P. v. Polenz: Deutsche Satzsemantik, S. 29 ff. Vgl. auch H. Eggers: Deutsche Sprache im 20. Jahrhundert, S. 45 ff.

14 U. Fix: Stil als komplexes Zeichen im Wandel, schlägt vor, den Begriff des Sprachstils durch den des Kommunikationsstils zu ersetzen. Vgl. auch U. Püschel: Sprachpragmatische Stilanalyse.

15 F. D. E. Schleiermacher: Hermeneutik und Kritik, S. 168.

16 Vgl. U. Püschel: Stilanalyse als Stilverstehen.

17 Vgl. besonders N. Goodman: Weisen der Welterzeugung, S. 38 ff.; H.-M. Gauger: Der Autor und sein Stil, S. 208 ff.

18 Vgl. dazu B. Sandig: Stilistik der deutschen Sprache.

19 Vgl. die differenzierte Auffächerung in M. Landfester: Einführung in die Stilistik der griechischen und lateinischen Literatursprachen.

20 Vgl. U. Püschel: Stilanalyse als Stilverstehen.

21 Text nach: G. Büchner: Lenz. Studienausgabe; zur Analyse vgl. die vorzüglichen Ausführungen von J. Anderegg: Leseübungen, S. 21 ff.

22 Vgl. A. Hahn: Soziologische Relevanzen des Stilbegriffs.

23 E. Goffmann: Rahmen-Analyse, S. 318.

24 Vgl. Fleischer: Wandel sprachstilistischer Gestaltung von Landschaftsmotivik in narrativer Prosa.

25 Vgl. E. W. B. Hess-Lüttich: Das sprachliche Register.

26 Vgl. Verf.: Hölderlins poetische Sprache; vgl. auch das Konzept des polyphonen Romans bei M. Bachtin: Probleme der Poetik Dostojevskijs.

27 Vgl. M. Landfester: Einführung in die Stilistik, S. 4. Vgl. auch S. Ullmann: Sprache und Stil.

28 Vgl. P. Bourdieu: Die feinen Unterschiede, S. 405 ff.

29 M. Black: Sprache, S. 94.

30 Vgl. N. Luhmann: Das Kunstwerk und die Selbstreproduktion der Kunst, S. 632.

Ein Stil, der etwas Besonderes sein will: Klischee

1 Vgl. A. C. Zijderveld: On Clichés; R. Amossy / E. Rosen: Les discours du cliché. Der Ansatz von Amossy / Rosen kommt meinen Überlegungen am nächsten. H. Bausinger: Deutsch für Deutsche, S. 141 ff.; M. Bagnall: A defence of clichés; D. Blaicher (Hg.), Erstarrtes Denken; W. Redfern: Clichés and Coinages; R. Kunow: Das Klischee. Kunow differenziert beide Begriffe. Klischee bezeichnet bei ihm ein Reproduktionsverhältnis allgemein, das Stereotyp ein reproduziertes Urteil über gesellschaftliche Gruppen.

2 A. Wenzel: Stereotype in gesprochener Sprache, S. 34.

3 Vgl. als exemplarische Analyse S. L. Gilman: Rasse.

4 W. Pfeiffer: Etymologisches Wörterbuch des Deutschen, Spalte 853 f.; S. Losique: Cliché, in: R. Escarpit (Hg.), Dictionnaire international des termes littéraires, Fasc. 3, Bern 1984, S. 325–327.

5 M. Maron: Animal Triste, S. 219.

6 Vgl. E. Goffman: Das Individuum im öffentlichen Austausch, S. 97 ff.; Zur Bedeutung des Ritualbegriffs für die Literaturtheorie vgl. jetzt die hervorragende Untersuchung von W. Braungart: Ritual und Literatur.

7 Die Intention eines Grußes kann noch komplexer sein, vgl. R. Keller: Interpretation und Sprachkritik, S. 55 f.; zum Gruß vgl. auch D. Hartmann: Begrüßungen und Begrüßungsrituale; J. Trabant: Elemente der Semiotik, S. 131 f.

8 Zum Sprechakt einer Liebeserklärung vgl. P. Auer: Liebeserklärungen.

9 J. M. Simmel: Es muß nicht immer Kaviar sein, S. 18.

10 Vgl. N. Luhmann: Das Kunstwerk und die Selbstreproduktion der Kunst, S. 628 ff.

11 Vgl. U. Hölscher: Die Odyssee, S. 30 ff.; W. Braungart: »Aus den Kehlen der ältesten Müttergens.«, S. 29 ff.

12 Vgl. W. Kohlschmidt: Die symbolische Formelhaftigkeit von Eichendorffs Prosastil; R. Alewyn: Eine Landschaft Eichendorffs; H. Müller: Untersuchungen zum Problem der Formelhaftigkeit bei E. T. A. Hoffmann.

13 Vgl. F. Hölderlin: Sämtliche Werke und Briefe, Bd. 2, S. 507.

14 Vgl. H. Bloom: The Anxiety of Influence.

15 E. Young: Gedanken über die Original-Werke, S. 25.

16 Vgl. J. Schmidt: Die Geschichte des Genie-Gedankens 1750–1945, Bd. 1, S. 150 ff.; vgl. auch R. Mortier: L'originalité.

17 Vgl. L. Falck: Sprachliche »Klischee und Rezeption. Empirische Untersuchungen zum Trivialitätsbegriff.

18 E. R. Curtius, auf den die Entdeckung des Topos-Begriffs wesentlich zurückgeht, hat noch Topos synonym mit Klischee gebraucht, vgl. sein Buch: Europäische Literatur und lateinisches Mittelalter, S. 79 f. Zum Gemeinplatz vgl. die fruchtbaren Überlegungen von E. Gülich: »Was sein muß, muß sein.«; zum Topos vgl. ferner E. Mertner: Topos und Commonplace.

19 Vgl. W. Groddeck: Reden über Rhetorik, S. 96 ff.

20 J. de La Bruyère: Les caractères, S. 82. Vgl. K. Hölzl: »Tout est dit.«

21 F. Hölderlin: Sämtliche Werke und Briefe, Bd. 3, S. 527.

22 Kritische Friedrich-Schlegel-Ausgabe, Bd. 2, S. 101.

23 Vgl. z. B. die Bedeutung des *poschlost*, ungefähr mit Klischee zu übersetzen, in Nabokovs Gogol-Interpretation, V. Nabokov: Nikolaj Gogol, in: Gesammelte Werke, Bd. 16, S. 80 ff.; vgl. ferner M. Kamann: Epigonalität als ästhetisches Vermögen.; B. Müller-Kampel: Fontane und die Gartenlaube; P. Hasubek (Hg.), Epigonentum und Originalität. Immermann und seine Zeit; R. Helmstetter: Die Geburt des Realismus aus dem Dunst des Familienblatts.

Bestimmte Fülle: Vieldeutigkeit

1 Vgl. Chr. Bode: Ästhetik der Ambiguität.

2 E. Staiger: Die Kunst der Interpretation, S. 27 f. Staiger will damit keineswegs einem »historischen Relativismus« das Wort reden: »Ich habe mein Gefühl geprüft und habe den Nachweis erbracht, daß es stimmt. Nun mag ein anderer kommen, eine andere Auslegung versuchen und seinerseits den Nachweis erbringen, daß sein Gefühl ihn nicht getäuscht hat. Wenn beide Darstellungen wahr sind, so werden sie sich nicht widersprechen, auch wenn sie im Einzelnen und im Ganzen nichts miteinander zu schaffen haben.« In seiner berühmten Kontroverse mit Heidegger über die Deutung von Mörikes *Auf eine Lampe* läßt er Heideggers Deutung gelten als die des Philosophen, der er die eigene als die des historisch situierenden Literaturwissenschaftlers entgegenstellt. Im einzelnen argumentiert jedoch Staiger gegen die Thesen Heideggers und sucht eine sachliche Verbindung beider Positionen, vgl.

z. B. S. 42: »Wir geben ferner zu, daß das ›scheint‹ in manchen Bedeutungen schillert …«

3 Vgl. dazu und im folgenden die materialreiche Untersuchung von B. Brunemeier: Vieldeutigkeit und Rätselhaftigkeit.

4 Vgl. A. Bäumler: Das Irrationalitätsproblem in der Ästhetik und Logik des 18. Jahrhunderts, S. 170 ff.; U. Franke: Kunst als Erkenntnis; F. Solms: Disciplina aesthetica, S. 79 ff. J. Jacob: Heilige Poesie, S. 17 ff.

5 Vgl. dazu T. Cave: The Cornucopian Text. Problems of writing in the French Renaissance; J.-C. Margolin: Art. *copia*, in: G. Ueding (Hg.), Historisches Wörterbuch der Philosophie, Bd. 2, S. 385–394.

6 Vgl. C. Henn: »Sinnreiche Gedanken«. Zur Hermeneutik des Chladenius; L. Fischer: Gebundene Rede. S. 61 ff.

7 G. E. Lessing: Werke, Bd. 6, S. 25.

8 Vgl. H. Eizereiff: Kunst: eine andere Natur; U. Franke: Kunst als Erkenntnis, S. 91 f.

9 Vgl. B. Brunemeier: Vieldeutigkeit und Rätselhaftigkeit, S. 12 ff.

10 Zu einer modernen Begründung des Dingcharakters des Kunstwerks vgl. J. Mukařovský: Studien zur strukturalistischen Ästhetik und Poetik, S. 31 ff.

11 H. Blumenberg: Wirklichkeitsbegriff und Möglichkeit des Romans, S. 25.

12 J. J. Breitinger: Critische Dichtkunst, Bd. 1, S. 136 und 426; vgl. auch S. 428: Dichtung als »Systema einer möglichen Welt«.

13 J. G. Herder: Werke, Bd. 2, S. 511.

14 H. Blumenberg: Wirklichkeitsbegriff und Möglichkeit des Romans, S. 18.

15 G. E. Lessing, Werke, Bd. 4, S. 598.

16 J. G. Herder, Werke, Bd. 2, S. 189.

17 K. Ph. Moritz: Schriften zur Ästhetik und Poetik, S. 73.

18 K. Ph. Moritz: Schriften zur Ästhetik und Poetik, S. 95.

19 K. Ph. Moritz: Schriften zur Ästhetik und Poetik, S. 156.

20 F. Hölderlin: Sämtliche Werke und Briefe, Bd. 2, S. 920.

21 K. Ph. Moritz: Schriften zur Ästhetik und Poetik, S. 75.

22 G. Benn, Probleme der Lyrik, S. 22.

23 K. Ph. Moritz: Schriften zur Ästhetik und Poetik, S. 94.

24 Vgl. O. Marquard: Art. *Geist*, in: J. Ritter u. a. (Hg.), Historisches Wörterbuch der Philosophie, Bd. 3, Sp. 184 ff.; P.-E. Knabe: Schlüsselbegriffe des kunsttheoretischen Denkens in Frankreich, S. 189 ff.: *esprit*; S. 204 ff.: *génie*.

25 J. G. Schottel: Teutsche Sprachkunst, S. 800; vgl. L. Fischer: Gebundene Rede, S. 37 ff.

26 Vgl. als knapper Überblick vom Verf.: Metapher, Allegorie, Symbol, S. 47.

27 Vgl. J. Schmidt: Die Geschichte des Genie-Gedankens in der deutschen Literatur, Philosophie und Politik 1750–1945, Bd. 1, S. 354 ff.

28 J. G. Herder: Werke, Bd. 5, S. 570. Manfred Koch diskutiert diese Passage unter dem Titel »Das Verhängnis der Vieldeutigkeit«, M. Koch: Der Sündenfall ins Schöne, S. 104 ff.

29 Vgl. B. Brunemeier: Vieldeutigkeit und Rätselhaftigkeit, S. 174 ff.

30 F. Schlegel: Kritische Schriften, S. 181, 459, 460, 457 und 460.

31 Vgl. L. Tieck: Goethe und seine Zeit [1828], S. 225 f.: »Dieser Dichter ist zugleich selbst als Mensch ein vieldeutiges, tiefsinniges und vollendetes Kunstwerk geworden.«

32 Vgl. Verf.: Aus linkischem Gesichtspunkt. S. 177–190; Art. *Perspektive*, *Perspektivismus, perspektivisch*, in: Historisches Wörterbuch der Philosophie, Bd. 7, Sp. 363–377.

33 Wielands Briefwechsel, Bd. 1, S. 59 f.

34 F. J. Riedel: Ueber das Publicum, S. 43.

35 Vgl. exemplarisch J. Hörich: Die Wut des Verstehens; W. Hamacher: Entferntes Verstehen.

36 Vgl. J. Habermas: Der philosophische Diskurs der Moderne, S. 219 ff.; Verf.: Methoden der Textinterpretation in literaturwissenschaftlicher Perspektive.

37 Vgl. dazu auch die klugen Überlegungen von B. W. Seiler: Vieldeutigkeit und Deutungsvielfalt oder: Das Problem der Beliebigkeit im Umgang mit Literatur; ferner: W. C. Booth: Critical Understanding; M. Frank: Vieldeutigkeit und Ungleichzeitigkeit; O. Bätschmann: Einführung in die kunstgeschichtliche Hermeneutik; U. Eco: Der Streit der Interpretationen; ders.: Die Grenzen der Interpretation, S. 28 ff.; Intern. Zs. f. Philosophie, H. 1, 1992: Vieldeutigkeit; W. Strube: Über Kriterien der Beurteilung von Textinterpretation; K. Weimar: Text, Interpretation, Methode.

38 E. Lobsien: Das literarische Feld, S. 23 f.

39 Vgl. R. Koselleck: Vergangene Zukunft, S. 184 ff.

40 Vgl. C. Henn: »Sinnreiche Gedanken«, S. 256 f.

41 G.-L. de Buffon: Von der Art, die Historie der Natur zu erlernen und abzuhandeln, S. 3. Den Hinweis verdanke ich Sabine Schneider, Würzburg.

42 Novalis: Schriften, Bd. 3, S. 664. Nr. 603.

43 Vgl. H.-J. Gerigk: Unterwegs zur Interpretation, S. 201 ff.

44 G. Kaiser: Antithesen, S. 63.

45 G. Droysen: Historik, S. 133 f. Vgl. H. R. Jauß: Zur Analogie von literarischem Werk und historischem Ereignis, S. 535 f.

46 Vgl. D. Freundlieb: Literarische Interpretation, S. 35 f.

47 Vgl. R. Keller: Interpretation und Sprachkritik, S. 55 f.

48 W. v. Humboldt: Werke, Bd. 3, S. 169.

49 M. Black: Sprache, S. 190.

50 Vgl. dazu und im folgenden P. v. Polenz: Deutsche Satzsemantik, S. 325 ff. Der Unbestimmtheitsbegriff von v. Polenz, an den ich mich anschließe, ist enger gefaßt als der Begriff der Unbestimmtheit oder der Unbestimmt-

heitsstellen in der Rezeptionstheorie. Dort ist Unbestimmtheit eine Eigenschaft jedes Gegenstandes (jedes literarischen Textes z. B., er wird dann in der Lektüre ›konkretisiert‹), weil er nur in Aspekten zugänglich ist. Vgl. z. B. R. Warning (Hg.), Rezeptionsästhetik, vgl. zur Kritik: G. Kaiser: Antithesen, S. 51 ff.

51 Vgl. H. Friedrich: Die Struktur der modernen Lyrik, S. 187 ff., 36.

52 Vgl. J. Hogrebe: Metaphysik und Mantik, S. 113 ff.

53 Vgl. J. Assmann: Text und Kommentar, S. 9 ff.

54 M. C. Beardsley: Aesthetics, S. 144.

55 Vgl. U. Eco: Die Grenzen der Interpretation, S. 49.

56 Zum Begriff der Kohärenz vgl. G. Fritz: Kohärenz; K. Brinker: Linguistische Textanalyse, S. 27 ff.; wichtig auch der Begriff der Sinnkonstanz bei H. Hörmann: Meinen und Verstehen.

57 Chr. Berthold: Fiktion und Vieldeutigkeit, S. 288 ff.

58 J. Derrida: Guter Wille zur Macht (I), S. 58.

59 Vgl. U. Japp: Hermeneutik, S. 65 ff.

60 Vgl. P. Szondi: Einführung in die literarische Hermeneutik, S. 124 ff.; vgl. zu diesem Streit auch G. Grewendorf: Argumentation und Interpretation.

61 Vgl. z. B. D. E. Wellbery / K. Weimar: Johann Wolfgang von Goethe: Harzreise im Winter.

62 Vgl. D. Dörfer / D. Vehrs: Ästhetische Befriedigung und Unbestimmtheitsreduktion.

Literaturverzeichnis

Primärliteratur

Baumgarten, A. G.: Aesthetica, 2 Bde., Frankfurt/Oder 1750–1758 (Neudruck 1961).

–: Metaphysica, 7. Aufl. Halle 1779.

–: Meditationes philosophicae de nonnullis ad poema pertinentibus, Halle 1753.

Benn, G.: Probleme der Lyrik, 7. Aufl. Wiesbaden 1961.

Brecht, B.: Gesammelte Werke in 20 Bänden, Frankfurt/M. 1967.

Breitinger, J. J.: Critische Dichtkunst. 2 Bde, Zürich / Leipzig 1740 (Neudruck 1966).

Büchner, G.: Lenz. Studienausgabe, hg. v. H. Gersch, Stuttgart 1984.

Buffon, L. de: Allgemeine Historie der Natur, Hamburg / Leipzig 1750–1781.

Droysen, G.: Historik, hg. v. R. Hübner, 5. Aufl. München 1967.

Goethe, J. W.: Werke. Hamburger Ausgabe, hg. v. E. Trunz, 10. Aufl. München 1981.

–: Werke. Weimarer Ausgabe, Weimar 1887–1919.

Hadewig, J. H.: Wolgegründete teutsche Versekunst, Bremen 1660.

Herder, J. G.: Werke, hg. v. G. Arnold u. a., Frankfurt/M. 1985 ff.

Hölderlin, F.: Sämtliche Werke und Briefe, hg. v. J. Schmidt, Frankfurt/M. 1992–1994.

–: Sämtliche Werke. Große Stuttgarter Ausgabe, hg. v. F. Beissner u. a., Stuttgart 1943–1985.

Humboldt, W. v.: Werke, hg. v. A. Leitzmann, Berlin 1903–1936.

La Bruyère, J. de: Les caractères, hg. v. R. Pignarre, Paris 1965.

Lessing, G. E.: Werke, hg. v. H. G. Göpfert, Darmstadt 1974.

Maron, M.: Animal Triste, Frankfurt/Main 1996.

Meier, G. F.: Auszug aus den Anfangsgründen aller schönen Künste und Wissenschaften, Halle 1748–1750 (Neudruck 1976).

Mittelalterliche Lyrik Frankreichs I. Lieder der Trobadors, hg. u. übers. v. D. Rieger, Stuttgart 1980.

Moritz, K. Ph.: Schriften zur Ästhetik und Poetik, hg. v. H. J. Schrimpf, Tübingen 1962.

Nabokov, V.: Gesammelte Werke, hg. v. D. E. Zimmer, Reinbek 1990.

Novalis: Schriften, hg. v. P. Kluckhohn / R. Samuel, 2. Aufl. Stuttgart 1960.

Opitz, M.: Buch von der deutschen Poeterei, hg. v. W. Braune, Tübingen 1954.

Otfried von Weißenburg: Evangelienbuch. Althochdeutsch / Neuhochdeutsch, hg. u. übers.v. G. Vollmann-Profe, Stuttgart 1987.

Scaliger, J. C.: Poetices libri septem. Neudruck der Ausgabe Lyon 1561, hg. v. A. Buck, Stuttgart-Bad Cannstatt 1987.

Schlegel, A. W.: Kritische Schriften und Briefe, hg. v. E. Lohner, Stuttgart 1962–1966.

–: Vorlesungen über schöne Literatur und Kunst. 3. Teil: Geschichte der romantischen Literatur, Heilbronn 1884 (Deutsche Literaturdenkmale Nr. 19).

Schlegel, F.: Kritische Friedrich-Schlegel-Ausgabe, hg. v. E. Behler u. a., München 1959 ff.

–: Kritische Schriften, hg. v. W. Rasch, 2. Aufl. Darmstadt 1964.

Schleiermacher, F. D. E.: Hermeneutik und Kritik, hg. v. M. Frank, Frankfurt/M. 1977.

Schottel, J. G.: Teutsche Sprachkunst, Braunschweig 1651.

Simmel, J. M.: Es muß nicht immer Kaviar sein, Zürich 1964 (zuerst 1960).

Sulzer, J. G.: Allgemeine Theorie der schönen Künste, 2. Aufl. Leipzig 1794.

Tieck, L.: Leipzig 1848–1852.

Valéry, P.: Cahiers/Hefte. Übers.v. B. Böschenstein, H. Köhler, J. Schmidt-Radefeldt, Frankfurt/M. 1993.

–: Zur Theorie der Dichtkunst, Frankfurt/M. 1962.

Wielands Briefwechsel, hg. v. W. Seiffert u. a., Berlin 1968–1983.

Wolff, Chr.: Vernünftige Gedanken von Gott, der Welt und der Seele des Menschen …, 5. Aufl. Halle 1733.

Young, E.: Gedanken über die Original-Werke, Faksimiledruck der Ausgabe von 1760, hg. v. G. Sauder, Heidelberg 1977.

Sekundärliteratur

Abraham, U.: StilGestalten. Geschichte und Systematik der Rede vom Stil in der Deutschdidaktik, Tübingen 1996.

Albertsen, L. L.: Neuere deutsche Metrik, Bern 1984.

Alewyn, R.: Eine Landschaft Eichendorffs, in: Euphorion 51 (1957), S. 42–60.

Amossy, R. / Rosen, E.: Les discours du cliché, Paris 1982.

Anderegg, J.: Leseübungen, Göttingen 1970.

–: Literaturwissenschaftliche Stiltheorie, Göttingen 1977.

Aschoff, J. (Hg.): Handbook of Behavioral Neurobiology, Bd. 4: Biological Rhythm, New York 1981.

Asmuth, B.: Art.: Angemessenheit, in: Ueding, G. (Hg.), Historisches Wörterbuch der Rhetorik, Bd. 1, Tübingen 1992, Sp. 579–604.

Assmann, J. / Hardt, D. (Hg.): Kultur als Lebenswelt und Monument, Frankfurt/M. 1991.

Assmann, J.: Text und Kommentar, in: Assman, J. / Gladigow, B. (Hg.): Text und Kommentar, München 1995, S. 9–33.

Auer, A. / Di Luzio, A. (Hg.): The Contextualization of Language, Amsterdam 1992.

Auer, P. / Couper-Kuhlen, E.: Rhythmus und Tempo konventioneller Alltagssprache, in: Zeitschrift für Literaturwissenschaft und Linguistik 24 (1994), H. 96, S. 78–106.

Auer, P.: Liebeserklärungen. Oder: Über die Möglichkeiten, einen unmöglichen, sprachlichen Handlungstyp zu realisieren, in: Sprache und Literatur 19 (1988), H. 61, S. 11–31.

Bachtin, M.: Probleme der Poetik Dostojevskijs, München 1972.

Bagnall, M.: A defence of clichés, London 1985.

Bätschmann, O.: Einführung in die kunstgeschichtliche Hermeneutik, 2. Aufl. Darmstadt 1986.

Bäumler, A.: Das Irrationalitätsproblem in der Ästhetik und Logik des 18. Jahrhunderts, Halle a.d. Saale 1923.

Bausinger, H.: Deutsch für Deutsche. Dialekte, Sprachbarrieren, Sondersprachen, 7. Aufl. Frankfurt/M. 1984.

–: Formen der »Volkspoesie«, 2. Aufl. Berlin 1980.

Beardsley, M.C.: Aesthetics, New York 1958.

Benveniste, E.: Probleme der allgemeinen Sprachwissenschaft, München 1974.

Berkenbusch, G. / Bierbach, C. (Hg.): Soziolinguistik und Sprachgeschichte: Querverbindungen, Tübingen 1994.

Berthold, Chr.: Fiktion und Vieldeutigkeit. Zur Entstehung moderner Kulturtechniken des Lesens im 18. Jahrhundert, Tübingen 1993.

Binder, W.: Hölderlins Verskunst, in: Hölderlin-Jahrbuch 23 (1982/83), S. 10–33.

Black, M.: Sprache, München 1973.

Blaicher, D. (Hg.): Erstarrtes Denken. Studien zu Klischee, Stereotyp und Vorurteil in englischsprachiger Literatur, Tübingen 1987.

Bloom, H.: The Anxiety of Influence, New York 1973.

Blumenberg, H.: Wirklichkeitsbegriff und Möglichkeit des Romans, in: Jauß, H. R. (Hg.): Nachahmung und Illusion, München 1964, S. 9–27.

Bode, Chr.: Ästhetik der Ambiguität, Tübingen 1988.

Bolinger, D.: Rime, Assonance, and Morpheme Analysis, in: ders.: Forms of English, Tokyo 1965, S. 203–229.

Booth, W.C.: Critical Understanding, Chicago 1979.

Bourdieu, P.: Die feinen Unterschiede, Frankfurt/M. 1982.

Bourke, Th.: Stilbruch als Stilmittel. Studien zur Literatur der Spät- und Nachromantik, Frankfurt/M. 1980.

Bowra, C.M.: Heldendichtung, Stuttgart 1964.

Braungart, W.:»Aus den Kehlen der ältesten Müttergens.« Über Kitsch und Trivialität, populäre Kultur und Elitekultur, Mündlichkeit und Schriftlichkeit der Volksballade, besonders bei Herder und Goethe, in: Jb. f. Volksliedforschung 41 (1996), S. 11–32.

–: Ritual und Literatur, Tübingen 1996.

Breuer, D.: Deutsche Metrik und Versgeschichte, 3. Aufl. München 1994.

Brinker, K.: Linguistische Textanalyse, 3. Aufl. Berlin 1992.

Brunemeier, B.: Vieldeutigkeit und Rätselhaftigkeit. Die semantische Qualität und Kommunikationsfunktion des Kunstwerks in der Poetik und Ästhetik der Goethezeit, Amsterdam 1983.

Bücher K.: Arbeit und Rhythmus, 6. Aufl. Leipzig 1924.

Burdorf, D.: Einführung in die Gedichtanalyse, 2. Aufl. Stuttgart 1997.

Cave, T.: The Cornucopian Text. Problems of Writing in the French Renaissance, Oxford 1979.

Couper-Kuhlen, E.: English speech rythm, Amsterdam 1993.

–: Intonatorische Kohäsion, in: Zeitschrift für Literaturwissenschaft und Linguistik 13 (1983), H. 49, S. 74–100.

Curtius, E. R.: Europäische Literatur und lateinisches Mittelalter, 6. Aufl. Bern/München 1967.

Danneberg, L ./ Vollhardt, F. (Hg.): Wie international ist die Literaturwissenschaft, Stuttgart 1996.

Derrida, J.: Guter Wille zur Macht (I), in: Forget, P. (Hg.): Text und Interpretation, München 1984.

Doering, S.: Art.: Enjambement, in: Weimar, K. u. a. (Hg.): Reallexikon der deutschen Literaturwissenschaft, Bd. 1, Berlin / New York 1997, S. 447–449.

Dörfer, D./ Vehrs, D.: Ästhetische Befriedigung und Unbestimmtheitsreduktion, in: Psychological Research 37 (1975), S. 321–334.

Dyck, J.: Ticht-Kunst. Deutsche Barockpoetik und rhetorische Tradition, 2. Aufl. Bad Homburg v.d.H. 1969.

Eco, U.: Das offene Kunstwerk, Frankfurt 1973 (zuerst: Mailand 1962).

–: Der Streit der Interpretationen, Konstanz 1987.

–: Die Grenzen der Interpretation, München 1992.

Eggers, H.: Deutsche Sprache im 20. Jahrhundert, München 1973.

Ehrenfels, Chr.v.: Über ›Gestaltqualitäten‹, in: Vierteljahrsschrift für wissenschaftliche Philosophie 14 (1890), S. 242–292.

Engelmann, W. / Klemke, W.: Biorhythmen, Heidelberg 1983.

Ernst, U. / Neuser, P.-E. (Hg.): Die Genese der europäischen Endreimdichtung, Darmstadt 1977 (Wege der Forschung 444).

Ernst, U.: Ars memorativa und Ars poetica in Mittelalter und Früher Neuzeit, in: Berns, J.J. / Neuber, W. (Hg.): Ars memorativa. Zur kulturgeschichtlichen Bedeutung der Gedächtniskunst 1400–1750, Tübingen 1993, S. 73–100.

–: Der Liber evangeliorum Otfrieds von Weißenburg. Literarästhetik und Verstechnik im Lichte der Tradition, Köln 1975.

Erzgräber, W. / Gauger, H.-M. (Hg.): Stilfragen, Tübingen 1992.

Eschenburg, J.J.: Entwurf einer Theorie und Litteratur der schönen Redekünste, 5. Auflage besorgt von M. Pinder, Berlin 1836.

Evans, J. / Clynes, M. (Hg.): Rhythm in psychological, linguistic and musical processes, Springfield/Ill. 1986.

Falck, L.: Sprachliche »Klischees« und Rezeption. Empirische Untersuchungen zum Trivialitätsbegriff, Bern 1992.

Fischer, L.: Gebundene Rede. Dichtung und Rhetorik in der literarischen Theorie des Barock in Deutschland, Tübingen 1968.

Fix, U.: Stil als komplexes Zeichen im Wandel, in: Zs. f. Germ. Linguistik 20 (1992), S. 193–209.

Fix, U. / Lerchner, G. (Hg.): Stil und Stilwandel, Frankfurt/M. 1996.

Fix, U. / Wellmann, H. (Hg.): Stil, Stilprägungen, Stilgeschichte, Heidelberg 1997.

Fleischer, H.W.: Wandel sprachstilistischer Gestaltung von Landschaftsmotivik in narrativer Prosa, in: Fix, U. / Wellmann, H. (Hg.): Stil, Stilprägung, Stilgeschichte, Heidelberg 1997, S. 69–100.

Forster, E.M.: Ansichten des Romans, Frankfurt/M. 1962 (engl. 1927).

Fraisse, P.: Les structures rhythmiques, Brüssel 1956.

–: Rhythm and Tempo, in: Deutsch, D. (Hg.): The Psychology of Music, New York / London 1982, S. 149–180.

Frank, M.: Stil in der Philosophie, Stuttgart 1992.

–: Vieldeutigkeit und Ungleichzeitigkeit, in: Sprache und Literatur 17 (1986), H. 57, S. 20–30.

Franke, U.: Kunst als Erkenntnis. Die Rolle der Sinnlichkeit in der Ästhetik des Alexander Gottlieb Baumgarten, Wiesbaden 1972.

Freundlieb, D.: Literarische Interpretation, in: Danneberg / Vollhardt, 1992, S. 25–41.

Friedrich, H.: Die Struktur der modernen Lyrik, Reinbek 1956.

Fritz, G.: Kohärenz, Tübingen 1982.

Frye, N.: Analyse der Literaturkritik, Stuttgart 1964.

Gamm, H.J.: Führung und Verführung. Pädagogik des Nationalsozialismus, München 1990.

Gauger, H.-M.: Der Autor und sein Stil, Stuttgart 1988.

–: Über Sprache und Stil, München 1995.

Geier, M.: Die magische Kraft der Poesie. Zur Geschichte, Struktur und Funktion des Zauberspruchs, in: DVjS 56 (1982), S. 359- 385.

Gelfert, H.-D.: Wie interpretiert man ein Gedicht?, Stuttgart 1990.

–: Einführung in die Verslehre, Stuttgart 1998.

Gerigk, H.-K.: Unterwegs zur Interpretation, Hürtgenwald 1989.

Gilman, S.L.: Rasse, Sexualität und Seuche. Stereotype aus der Innenwelt der westlichen Kultur, Reinbek 1992.

Goffman, E.: Das Individuum im öffentlichen Austausch, Frankfurt/M. 1974.

–: Rahmen-Analyse, Frankfurt/M. 1977.

Goodman, N.: Weisen der Welterzeugung, Frankfurt/M. 1984.

Gray, B.: Style. The Problem and its solution, The Hague 1969.

Grewendorf, G.: Argumentation und Interpretation, Kronberg a.T. 1975.

Grimm, H. / Engelkamp, J.: Sprachpsychologie. Handbuch und Lexikon der Psycholinguistik, Berlin 1981.

Groddeck, W.: Reden über Rhetorik. Zu einer Stilistik des Lesens, Basel 1995.

Gülich, E.: »Was sein muß, muß sein.« Überlegungen zum Gemeinplatz und seiner Verwendung, in: Geckeler, H. u. a. (Hg.): Logos Semantikos. Festschrift für E. Coseriu, Bd. 2, Berlin 1981, S. 343–363.

Gumbrecht, H. U. / Pfeiffer, K. L. (Hg.): Stil, Frankfurt/M. 1986.

Gumbrecht, H. U.: Rhythmus und Sinn, in: Gumbrecht, H. U. / Pfeiffer, K. L. (Hg.): Materialität der Kommunikation, Frankfurt/M. 1988, S. 714–729.

Hahn, A.: Soziologische Relevanzen des Stilbegriffs, in: Gumbrecht / Pfeiffer, 1986, S. 603–611.

Hamacher, W.: Entferntes Verstehen, Frankfurt/M. 1998.

Hannappel, H./ Herold, Th.: Sprach- und Stilnormen in der Schule, in: Sprache und Literatur 16 (1985), H. 55, S. 54–66.

Hartmann, D.: Begrüßungen und Begrüßungsrituale, in: Zs. f. Germ. Linguistik 1 (1973), S. 133–162.

Hasubek, P. (Hg.): Epigonentum und Originalität. Immermann und seine Zeit – Immermann und die Folgen, Frankfurt/M. 1997.

Haug, W.: Literaturtheorie im deutschen Mittelalter, 2. Aufl. Darmstadt 1992.

Heimann, H. / Pflug, B. (Hg.): Rhythmusprobleme in der Psychiatrie, Stuttgart 1978.

Heinz, R.: Stil als geisteswissenschaftliche Kategorie, Würzburg 1986.

Helmstetter, R.: Die Geburt des Realismus aus dem Dunst des Familienblatts, München 1998.

Henkel, A.: »Der deutsche Pindar«, in: W. Killy (Hg.): Geschichte des Textverständnisses am Beispiel von Pindar und Horaz, München 1981, S. 173–193.

Henn, C.: »Sinnreiche Gedanken«. Zur Hermeneutik des Chladenius, in: Archiv f. Gesch. d. Philosophie 58 (1976), S. 240–264.

Henneberg, G.: Theorien zur Rhythmik und Metrik, Tutzing 1974.

Hess-Lüttich, E. W. B.: Das sprachliche Register, in: deutsche sprache 2 (1974), S. 269–286.

Hogrebe, J.: Metaphysik und Mantik, Frankfurt/M. 1992.

Hölscher, U.: Die Odyssee, München 1988.

Hölzl, K.: »Tout est dit.« – Der Literat im Konflikt: Mittelmaß des Kopisten oder poetisches Wissen des Fabulators, in: Romanische Zeitschrift für Literaturgeschichte 3/4 (1987), S. 436–468.

Hörich, J.: Die Wut des Verstehens, Frankfurt/M. 1988.

Hörmann, H.: Meinen und Verstehen, Frankfurt/M. 1976.

Internationale Zeitschrift für Philosophie, H. 1, 1992: Vieldeutigkeit.

Iser, W.: Die Appellstruktur der Texte, Konstanz 1970.

Jakob, J.: Heilige Poesie. Zu einem literarischen Modell bei Pyra, Klopstock und Wieland, Tübingen 1997.

Jakobson, R.: Die neueste russische Poesie [1921], in: Stempel, W.- D. (Hg.): Texte der russischen Formalisten, Bd. II, München 1972, S. 19–135.

–: Poetik, hg. v. Holenstein, E. / Schelbert, T., 3. Aufl. Frankfurt/M. 1993.

Jauß, H. R. Zur Analogie von literarischem Werk und historischem Ereignis, in: Koselleck, R. / Stempel, W.-D. (Hg.): Geschichte – Ereignis und Erzählung, München 1973, S. 535–536.

–: Literaturgeschichte als Provokation, Frankfurt/M. 1970.

Kaiser, G.: Antithesen, Frankfurt/M. 1973.

Kamann, M.: Epigonalität als ästhetisches Vermögen. Untersuchungen zu Texten Grabbes und Immermanns, Platens und Raabes, zur Literaturkritik des 19. Jahrhunderts und zum Werk Adalbert Stifters, Stuttgart 1994.

Kayser, W.: Das sprachliche Kunstwerk, 7. Aufl. Bern und München 1961.

–: Kleine deutsche Versschule, 25. Aufl. Bern und München 1995.

Keller, R.: Interpretation und Sprachkritik, in: Sprache und Literatur 17 (1986), H. 57, S. 54–71.

Knabe, P.-E.: Schlüsselbegriffe des kunsttheoretischen Denkens in Frankreich, Düsseldorf 1972.

Koch, M.: Der Sündenfall ins Schöne. Drei Deutungen der Paradiesgeschichte im 18. Jahrhundert, in: Braungart, W. u. a. (Hg.): Ästhetische und religiöse Erfahrungen der Jahrhundertwenden, T. I: um 1800, Paderborn 1997.

Koffka, K.: Experimentelle Untersuchungen zur Lehre vom Rhythmus, in: Zeitschrift für Psychologie 52 (1909), S. 1–109.

–: Principles of Gestalt Psychology, London 1935.

Kohlschmidt, W.: Die symbolische Formelhaftigkeit von Eichendorffs Prosastil, in: Orbis Litterarum 8 (1950), S. 321–354.

Koller, H.: Musik und Dichtung im alten Griechenland, Bern 1963.

Koselleck, R.:Vergangene Zukunft, Frankfurt/M. 1989.

Kunow, R.: Das Klischee. Reproduzierte Wirklichkeiten in der englischen und amerikanischen Literatur, München 1994.

Küper, Chr. (Hg.): Von der Sprache zur Literatur, Tübingen 1993.

–: Die ästhetische Stilisierung sprachlicher Strukturen zum poetischen Kode, in: ders. (Hg.): Von der Sprache zur Literatur, Tübingen 1993, S. 113–158.

–: Sprache und Metrum, Tübingen 1988.

Kurz, G.: Aus linkischem Gesichtspunkt. Zu Hölderlins Ansicht der Antike, in: V. Ehrich-Haefeli u. a. (Hg.): Antiquitates Renatae. Festschrift f. Renate Böschenstein, Würzburg 1998, S. 177–190.

–: Hölderlins poetische Sprache, in: Hölderlin-Jahrbuch 23 (1982/83), S. 34–53.

–: Metapher, Allegorie, Symbol, 4. Aufl. Göttingen 1997.

–: Methoden der Textinterpretation in literaturwissenschaftlicher Perspektive, erscheint in: K. Brinker u. a. (Hg.): Text- und Gesprächslinguistik, Berlin 1999.

Lamping, D.: Probleme der Reimpoetik im 20. Jahrhundert, in: Wirkendes Wort 35 (1995), S. 283–293.

Landfester, M.: Einführung in die Stilistik der griechischen und lateinischen Literatursprachen, Darmstadt 1997.

Langue Française 56 (1982): Le rhythme et le discours.

Leroi-Gourhan, A.: Hand und Wort. Die Evolution von Technik, Sprache und Kunst, Frankfurt/M. 1980.

Lobsien, E.: Das literarische Feld, München 1988.

Lorbe, R.: Die Welt des Kindes, Weinheim 1971.

Lord, A. B.: Der Sänger erzählt, München 1965.

Losique, S.: Cliché, in: Escarpit, R. (Hg.): Dictionnaire international des termes littéraires, Fasc. 3, Bern 1984, S. 325–327.

Lotman, J. M.: Die Struktur des künstlerischen Textes, Frankfurt/M. 1973.

Lug, R.: Singen auf dem Pferderücken, in: Berkenbusch / Bierbach, S. 229–259.

Luhmann, N.: Das Kunstwerk und die Selbstreproduktion der Kunst, in: Gumbrecht / Pfeiffer, 1986, S. 620–672.

Malinowki, B.: Magie, Wissenschaft und Religion, Frankfurt 1983.

Margolin, J.-C.: Art.: copia, in: Ueding, G. (Hg.): Historisches Wörterbuch der Philosophie, Bd. 2, Tübingen 1994, S. 385–394.

Marquard, O.: Art.: Geist, in: Ritter, J. (Hg.): Historisches Wörterbuch der Philosophie, Bd. 3, Basel 1974, Sp. 184 ff.

Mennemeier, F. N.: Rhythmus. – Ein paar Daten und Überlegungen grundsätzlicher Art zu einem in gegenwärtiger Literaturwissenschaft vernachlässigten Thema, in: Literatur für Leser 1990, H. 4, S. 228–232.

Mertner, E.: Topos und Commonplace, in: Jehn, P. (Hg.): Toposforschung, Frankfurt/M. 1972, S. 20–68.

Meschonnic H.: Critique du rhythme, Paris 1970.

Meyer, H.: Vom Geist der Verse, in: ders.: Spiegelungen. Studien zur Literatur und Kunst, Tübingen 1987, S. 61–79.

Mortier, R.: L'originalité, Paris 1982.

Mukařovský, J.: Studien zur strukturalistischen Ästhetik und Poetik, Frankfurt/M. 1977.

Müller, A.: Stil. Studien zur Begriffsgeschichte im romanisch- deutschen Sprachraum, Diss. Erlangen 1981.

Müller, H.: Untersuchungen zum Problem der Formelhaftigkeit bei E. T. A.-Hoffmann, Bern 1964.

Müller, K.: Rhythmus und Sprache. Über den Einfluß musikalischer Vorerfahrung auf kognitive Strategien bei der Sprachverarbeitung, Aachen 1998.

Müller, W.G.: Topik des Stilbegriffs. Zur Geschichte des Stilverständnisses von der Antike bis zur Gegenwart, Darmstadt 1981.

Müller-Kampel, B.: Fontane und die Gartenlaube, in: Theodor Fontane im literarischen Leben seiner Zeit, Berlin 1987, S. 496- 524.

Neuland, E. / Bleckwenn, H.: Stil – Stilistik – Stilisierung, Frankfurt/M. 1991

Nickisch, R.M.G.: Gutes Deutsch? Kritische Studien zu den maßgeblichen praktischen Stillehren der deutschen Gegenwartssprache, Göttingen 1975.

Notdurft, W.: Gezänk und Gezeter. Über das verbissene Streiten von Nachbarn, in: Janota, J. (Hg.): Kultureller Wandel und die Germanistik in der BRD, Bd. 1, Tübingen 1993, S. 67–80.

Oppert, K.: Möglichkeiten des Enjambements, Zeitschrift für Ästhetik 20 (1926), S. 235–238.

Patzlaff, R.: Otfried von Weißenburg und die mittelalterliche Versus-Tradition, Tübingen 1975.

Perspektive, Perspektivismus, perspektivisch, in: J. Ritter u.a. (Hg.): Historisches Wörterbuch d. Philosophie, Bd. 7, Darmstadt 1989, Sp. 363–377.

Pfeiffer, W.: Etymologisches Wörterbuch des Deutschen, Berlin 1989.

Pinkster, H.: Lateinische Stilistik, in: Sprache und Literatur 16 (1985), H. 55, S. 67–77.

Polenz, P. v.: Deutsche Satzsemantik, Berlin 1985.

Püschel, U.: Sprachpragmatische Stilanalyse, in: Deutschunterricht 43 (1991), S. 21–36.

–: Stilanalyse als Stilverstehen, in: Sandig, 1983, Bd. 1, S. 97–126.

Redfern, W.: Clichés and Coinages, Oxford 1989.

Reiners, L.: Der sichere Weg zum guten Deutsch. Eine Stilfibel, 26. Aufl. München 1993.

Rhyme, in: Preminger, A. u.a. (Hg.): The Princeton Handbook of Poetic Terms, Princeton U.P. 1986, S. 233–237.

Rhythm, in: Preminger, 1986, S. 238–241.

Rhythmus, in: Ritter, J. u.a. (Hg.): Historisches Wörterbuch d. Philosophie, Bd. 8, Darmstadt 1992, Sp. 1026–1036.

Riedel, F.J.: Ueber das Publicum, Jena 1768.

Riffaterre, M.: Strukturale Stilistik, München 1973.

Rötter, G.: Musik und Zeit, Frankfurt/M. 1997.

Rühmkorf, P.: agar agar – zaurzaurim. Zur Naturgeschichte des Reims und der menschlichen Anklangsnerven, Frankfurt/M. 1985.

Sanders, W.: Gutes Deutsch – besseres Deutsch, 2. Aufl. Darmstadt 1990.

–: Linguistische Stiltheorie, Göttingen 1973.

–: Stil und Stilistik, Heidelberg 1995.

Sandig, B. (Hg.): Stilistik, 2 Bde., Hildesheim 1983.

–: Stilblüten als Mittel der Erforschung »stilistischer Kompetenz«, in: Jahrbuch für internationale Germanistik 8 (1981), S. 22–39.

–: Stilistik der deutschen Sprache, Berlin 1986.

–: Stilistik, Berlin 1978.

Sauerländer, W.: From stilus to style, in: Art History 6 (1983), S. 253–270.

Scheid, M / Eibl-Eibesfeldt / Pöppel, E.: A Universal Constant in Temporal Segmentation of Human Short-Term Behavior, in: Die Naturwissenschaften 74 (1987), S. 289–290.

Schmidt, J.: Die Geschichte des Genie-Gedankens in der deutschen Literatur, Philosophie und Politik 1750–1945, 2 Bde., Darmstadt 1985.

Schneider, W.: Stilkunde, Fundgrube, vergnügliche Sprachlehre, 6. Aufl. Hamburg 1993.

Schrott, R.: Die Erfindung der Poesie, Frankfurt/M. 1998.

Schuppenhauer, C.: Der Kampf um den Reim in der deutschen Literatur des 18. Jahrhunderts, Bonn 1970.

Schweikle, G.: Art.: Reim, in: Kohlschmidt, W. / Mohr, W. (Hg.): Reallexikon der deutschen Literaturgeschichte, Bd. 3, 2. Aufl. Berlin 1977, S. 403–421.

Seckel, D.: Hölderlins Sprachrhythmus, Leipzig 1937.

Seidel, W.: Rhythmus, Darmstadt 1975.

Seiler, B. W.: Vieldeutigkeit und Deutungsvielfalt oder: Das Problem der Beliebigkeit im Umgang mit Literatur, in: Deutschunterricht 34 (1982), S. 87–104.

Selting, M. / Hinnenkamp, V.: Einleitung: Stil und Stilisierung in der interpretativen Soziolinguistik, in: dies. (Hg.): Stil und Stilisierung, Tübingen 1989, S. 1–23.

Soboth, Chr.: Der »Hebel aller Wirkung« – Der Rhythmus unter den Deutschen, in: Sprache und Literatur 27 (1996), H. 78, S. 93–114.

Solms, F.: Disciplina aesthetica. Zur Frühgeschichte der ästhetischen Theorie bei Baumgarten und Herder, Stuttgart 1990.

Sowinski, B.: Stilistik, Stuttgart 1991.

Spillner, B. (Hg.): Methoden der Stilanalyse, Tübingen 1984.

Spitzer, L.: Stilstudien. 2. Bde., 2. Aufl. München 1961.

Sprache und Literatur 16 (1985), H. 55: Stilistik und Stilkritik.

Staiger, E.: Die Kunst der Interpretation, München 1974 (zuerst: Zürich 1955).

Stemmler, Th.: Stemmlers kleine Stil-Lehre, Frankfurt/M. 1994.

Stickel, G. (Hg.): Stilfragen, Berlin 1994.

Stierle, K.: Ästhetische Rationalität, München 1997.

Strube, W.: Über Kriterien der Beurteilung von Textinterpretation, in: Danneberg / Vollhardt, 1992, S. 185–210.

Szondi, P.: Einführung in die literarische Hermeneutik, hg. v. Bollack, J. / Stierlin, H., Frankfurt/M. 1975.

Tannen, A.: Talking Voices: Repetition, Dialogue, and Imagery in Conversational Discourse, Cambridge N. Y. 1989.

130

Thalmayr, A.: Das Wasserzeichen der Poesie, Nördlingen 1985.

Thomson, R. D. B.: Towards a Theory of Enjambement, in: Russian Literature 7 (1990), S. 503–532.

Törnquist, N.: Zur Geschichte des Wortes Reim, Lund 1935.

Trabant, J.: Elemente der Semiotik, Tübingen 1996.

Trier, J.: Rhythmus, in: Studium Generale 2 (1949), H. 3, S. 135–141.

Tynjanov, J. N.: Das Problem der Verssprache, München 1977.

Ullmann, S.: Sprache und Stil, Tübingen 1972.

Wagenknecht, Chr.: Deutsche Metrik, 3. Aufl. München 1993.

Wales, K.: A Dictionary of Stylistics, London 1989.

Warning, R. (Hg.): Rezeptionsästhetik, München 1975.

Wehrli, M.: Literatur im deutschen Mittelalter. Eine poetologische Einführung, Stuttgart 1984

Weimar, K.: Text, Interpretation, Methode, in: Danneberg, / Vollhardt, S. 110–122.

Weinrich, H.: Der Stil, das ist der Mensch, das ist der Teufel, in: Fix / Wellmann, S. 27–40.

Wellbery, D. E./ Weimar, K.: Johann Wolfgang von Goethe: Harzreise im Winter. Eine Deutungskontroverse, Paderborn 1984.

Wellek, A. Ganzheitspsychologie und Strukturtheorie, 2. Aufl. Bern 1965.

Wellmann, H. (Hg.): Grammatik, Wortschatz und Bauformen der Poesie in der stilistischen Analyse ausgewählter Texte, 2. Aufl. Heidelberg 1998.

Welsh, A.: Roots of Lyric. Primitive Poetry and Modern Poetics, Princeton U. P. 1978.

Wenzel, A.: Stereotype in gesprochener Sprache, München 1978.

Wenzel, H.: Hören und Sehen. Schrift und Bild. Kultur und Gedächtnis im Mittelalter, München 1995.

Werner, O.: Motiviertheit des Reims, in: Küper, 1993, S. 82–96.

Zeitschrift für Literaturwissenschaft und Linguistik 24 (1994), H. 96: Rhythmus.

Zeitschrift für Literaturwissenschaft und Linguistik 6 (1976), H. 22: Stilistik.

Zijderveld, A. C.: On Clichés, London 1979.

Zollna, I.: Rhythmus – Körpersprache, in: Berkenbusch / Bierbach, S. 209–228.

Zumthor, P.: Die Stimme und die Poesie in der mittelalterlichen Gesellschaft, München 1994.

–: Le rhythme dans la poésie orale, in: Langue Française 56 (1982), S. 114–127.

Sachregister

Nachgewiesen werden Begriffe, sofern sie nicht aus dem Inhaltsverzeichnis hervorgehen.

Literaturtheorie und literarische Praxis

Dieter Lamping
Das lyrische Gedicht
Definitionen zu Theorie und Geschichte der Gattung.
2., durchgesehene Auflage 1993.
283 Seiten, kartoniert
ISBN 3-525-20778-6

„Man sollte den Versuch gänzlich aufgeben, die allgemeine Literatur der Lyrik oder des Lyrischen bestimmen zu wollen. Es können doch nur die krassesten Verallgemeinerungen dabei herauskommen." (René Wellek). Stimmt das?

Die Schwierigkeiten sind nicht zuletzt terminologischer Art, ergeben sich zu einem großen Teil aus ungenügenden Begriffsbestimmungen. Dieter Lamping eröffnet der Lyrikforschung, insbesondere der Lyriktheorie einen Ausweg durch eine Neudefinition grundlegender Begriffe. Entwickelt wird eine Definition des lyrischen Gedichts, die anschließend sowohl gattungstheoretisch als auch gattungsgeschichtlich erprobt wird. Was kann sie für die Lösung bestimmter zentraler Probleme der Gattungstheorie leisten?

Gerhard Kurz
Metapher, Allegorie, Symbol
Kleine Vandenhoeck-Reihe 1486
4., durchgesehene Auflage 1997.
108 Seiten, kartoniert
ISBN 3-525-33586-5

Metapher, Allegorie und Symbol sind zentrale Begriffe der Literaturwissenschaft. Die Bestimmung dieser Begriffe ist strittig, seit über sie nachgedacht wird. Die Darstellung von Gerhard Kurz ist zugleich ein Beitrag zur Diskussion und eine Einführung. Die exemplarischen Analysen haben zum Ziel, die wissenschaftliche Verwendung der drei Begriffe zu klären und sie voneinander abzugrenzen. Alle wichtigen Sachverhalte werden erläutert und an Beispielen aus verschiedenen Literaturen und verschiedenen Zeiten entwickelt.

V&R
Vandenhoeck & Ruprecht